深度学习理论下语文教学研究

丁俊杰 著

燕山大学出版社
· 秦皇岛 ·

图书在版编目（CIP）数据

深度学习理论下语文教学研究 / 丁俊杰著 . -- 秦皇岛 : 燕山大学出版社 , 2025. 5. -- ISBN 978-7-5761-0889-7

Ⅰ . G633.302

中国国家版本馆 CIP 数据核字第 202529EY31 号

深度学习理论下语文教学研究

SHENDU XUEXI LILUN XIA YUWEN JIAOXUE YANJIU

丁俊杰　著

出 版 人：陈　玉
责任编辑：张文婷
责任印制：吴　波
出版发行：燕山大学出版社
地　　址：河北省秦皇岛市河北大街西段 438 号
印　　刷：涿州市般润文化传播有限公司
封面设计：星辰创意
电　　话：0335-8387555
邮政编码：066004
经　　销：全国新华书店

开　　本：710mm × 1000mm　1/16
版　　次：2025 年 5 月第 1 版
书　　号：ISBN 978-7-5761-0889-7
定　　价：62.00 元
印　　张：12.25
印　　次：2025 年 5 月第 1 次印刷
字　　数：220 千字

作者简介

丁俊杰（1975.11—）男，汉族，山东省烟台市人，目前就职于山东省烟台市蓬莱区教学研究室，职称为高级教师，毕业于烟台师范学院汉语言文学专业，大学本科毕业。主要研究方向：教学研究、教师专业发展。曾先后在《中学语文教学参考》《山西教育》《班主任》等期刊上发表过多篇论文（《〈大众哲学〉阅读建议》《整本书阅读思想下高中语文小说教学策略》《都是因为有了爱》等），主持参与多项省级国家级课题，主持的中国教育学会课题“高中语文创造性学习的理论与实践”获评一等奖，参与的国家“十三五”规划课题“中小学教师信息化教育能力提升策略研究”已结题，主持山东省教育科学“十四五”规划 2023 年度课题“数字化转型背景下县域教师培训模式创新研究”，在本专业领域有着一定程度的影响。

前 言

在当今教育领域，深度学习理论正逐渐成为引领教学变革的重要理念之一。它不仅在技术层面推动了人工智能的发展，而且在教育实践中为提升学生的学习效果提供了全新的思路与方法。深度学习理论强调学生在学习过程中主动、积极、深入地思考与探索，这种理念与语文教学的目标不谋而合。语文作为一门基础学科，承载着传承文化、培养思维、提升素养等多重使命，创新与优化其教学方式尤为关键。传统的语文教学往往注重传授和记忆知识，而忽视了培养学生深入理解和应用知识的能力。引入深度学习理论，为语文教学注入了新的活力，促使我们重新审视并构建更高效的语文教学模式。在深度学习的指导下，语文教学更加注重培养学生的批判性思维、创新能力、解决问题能力等综合素养，帮助学生在学习语文的过程中深度理解和应用知识，从而更好地满足未来社会的发展需求。

深度学习理论源于机器学习领域，其核心在于模拟人脑神经网络的工作方式，对大量数据进行逐层抽象与处理，实现深入理解与应用复杂信息。在教育领域，深度学习强调教育应让学生注重知识的内在联系，重视对知识的理解和应用。与传统的浅层学习相比，深度学习更能培养学生的综合能力，如批判性思维、创新能力、解决问题能力等，这些能力对于学生的长远发展具有重要意义。语文教学是培养学生语言文字运用能力、文化素养和思维品质的重要途径，其教学内容丰富多样，涵盖了阅读、古诗词、文言文、写作等多个方面。在深度学习理论的指导下，这些教学内容的教学方式与策略都得到了新的诠释与拓展。

本书内容丰富，语言通俗易懂，介绍了深度学习理论、语文教育教学方法基本理论，阐述了语文深度教学的理论及教学中的能力体现，还介绍了深度学习理论下语文阅读、古诗词、文言文、写作等方面的教学研究。书中提供了丰富的教学策略和方法，旨在帮助教师在实际教学中能够更好地应用深度教学理论，不断提升自己的教学能力。因而本书对从事语文教学的工作者有一定的参考价值。

目　录

第一章　深度学习理论

第一节　深度学习概念的界定与内涵

一、深度学习概念的界定

人工智能领域的深度学习指的是机器的深度学习，与人的深度学习并非同一范畴，机器的深度学习处于或还未达到人的浅层学习阶段。而在教育领域，深度学习是注重应用、分析、综合、创造的学习，学习者围绕具有挑战性的学习主题，全身心积极参与、体验成功、获得发展的有意义的学习方式，是在理解的基础上，学习者能够批判地学习新思想和分析事实，并将它们融入原有的认知结构，进而提升学习层次，强化学习能力，去适应新情境、探究新问题、生成新能力的综合学习，总之，教育领域中的深度学习是一种新的学习理论。①

深度学习源于计算机科学和脑科学，在 20 世纪 50 年代中期，费尔伦斯·马顿和罗杰·塞利约开展了一系列对学习过程的实验研究，并在 1976 年联名发表的《学习的本质区别：结果和过程》一文中，根据学习者获取和加工信息的方式将学习者分为深度水平加工者和浅层水平加工者，首次提出并阐述了深度学习和浅层学习这两个相对的概念。此后，拉姆斯登、恩特威斯尔和比格斯等学者在这一概念基础上对深度学习进行了不同角度的研究。对于大多数教育者来说，浅层学习和深层学习的区别似乎是直觉上的。根据马顿和塞利约的框架，浅层学习就是最低限度地参与任务，通常是专注于记忆的。相比之下，深度学习还有理解任务意图和实施任务的内涵，教师更倾向于引导学生深入学习结构课程，设定任务，提供反馈和挑战。而休利特将深度学习定义为学生必须发展的能力、知识和技能。根据深度学习的基础定义，学生应该具备以下能力：①掌握核心学术内容。②会批判性地思考和解决复杂的问题。③会协作完成任务。④能有效地沟通和交流。⑤

① 张驰．基于深度学习的语文课堂教学 [J]. 中学语文，2024（33）：109–110.

学会如何学习。⑥能发展并形成一种学术心态。

美国国家研究委员会认为，深度学习是个体将学习的知识从一种情境应用到另一种新的情境的过程，即迁移，并将深度学习所对应的素养划分为三个领域：认知领域、人际领域和自我领域。深度学习是从三维目标达成的学习到核心目标达成提升的学习。

美国卓越教育联盟对深度学习作了如下界定：以创新方式向学生传递丰富的核心学习内容，引导他们有效学习并能将其所学付诸应用，强调深度学习将标准化测试与掌握沟通、协作、自主学习等能力相连接。

美国威廉和弗洛拉·休利特基金会对深度学习作了如下界定：深度学习是学生胜任 21 世纪工作和公民生活所必须具备的能力，这种能力可以让学生灵活地掌握和理解学科知识并运用这些知识去解决学习以及未来工作中的问题，主要包括掌握核心学科知识和批判性思维、解决复杂问题的认知领域能力，学会团队协作、有效沟通的人际领域能力。

国内学者何玲、黎加厚在研究中指出，深度学习是指在理解的基础上，学习者能够批判地学习新思想和事实，并将它们融入原有的认知结构，能够在众多思想间进行联系，并能够将已有的知识迁移到新的情境中，作出决策和解决问题的学习。① 景红娜、陈琳、赵雪萍认为，深度学习是强调批判性思维的学习方式，并从特征上对深度学习和浅层学习进行了对比。② 柴少明、赵建华从学习科学视角诠释了深度学习，他们认为深度学习需要连接真实世界的、有意义的、面向解决问题的学习任务，教师需要设计这样的学习环境以支持学生的深度学习。③ 段金菊、余胜泉认为，深度学习强调较高的认知目标层次，强调高阶思维能力的培养，强调学习过程中的反思与元认知并且注重学习行为方面的高情感投入和高行为投入。④

刘月霞认为，深度学习是指在教学中学生积极参与、全身心投入、获得健康发

① 何玲，黎加厚 . 促进学生深度学习 [J]. 计算机教与学，2015（5）：29–30.

② 景红娜，陈琳，赵雪萍 . 基于 Moodle 的深层学习研究 [J]. 远程教育杂志，2017（3）：27–33.

③ 柴少明，赵建华 . 面向知识经济时代学习科学的关键问题研究及对教育改革的影响 [J]. 远程教育杂志，2014（2）：3–10.

④ 段金菊，余胜泉 . 学习科学视域下的 e–Learning 深度学习研究 [J]. 远程教育杂志，2014（4）：43–51.

展的、有意义的学习过程。在此过程中，学生在素养导向学习目标的引领下，聚焦引领性学习主题，展开有挑战性的学习任务与活动，掌握学科基础知识与基本方法，体会学科基本思想，建构知识结构，理解并评判学习内容与过程，能够综合运用知识和方法创造性地解决问题，形成积极的内在学习动机、高级的社会性情感和正确的价值观，成为既有扎实学识基础，又有独立思考能力，善于合作，有社会责任感，具备创新精神和实践能力，能够创造美好未来的社会实践的主人。①

综上所述，深度学习强调：引导学生主动参与学习活动，亲身经历知识发现、发生、发展的过程，形成丰富的内心体验；着眼于学科的基本思想和方法，向学生提供具有典型意义的例证和学习材料；结构化改造教学内容，帮助学生全面把握知识的内在联系；为学生创设适当的具有真实情境的活动，提供解决真实问题的机会，促进知识的实践转化和综合应用；建立正确的价值立场与价值判断，关注教学的价值取向，引导学生理解、反思学习的内容与过程，进而形成积极的社会性情感、态度与责任感。

实际上，在我国新一轮教育改革中所提倡的如抛锚式教学、基于问题的学习、基于项目的学习、基于设计的学习等众多现代教学模式中，也都蕴含着深度学习的理念。笔者认为，深度学习是指在理解的基础上，学习者积极地进行理解性学习、主动地进行知识建构、有效地进行知识迁移及解决真实问题的获取知识的过程。深度学习以学生学习为中心，学生在教师的指导下自主理解知识并进行知识建构，基于真实情境主动学习和解决问题。深度学习要求从教师立场、内容立场向学生立场转变，教师要从单向输出向少而精转变，更多地为学生学习搭建"脚手架"。从学生全面发展的角度来看，实现深度学习是发展学生核心素养的有效路径。

二、深度学习的内涵

要想深刻揭示深度学习的内涵，首先要注意它与其他学习方式的区别。显然，深度学习不是表层学习、浅层学习，更不是机械学习和死记硬背，不是"知其然而不知其所以然"，这是好回答的。那么，深度学习的本质是什么？深度学习与有意义学习、理解学习、探究学习等有什么区别与联系？与表层学习、机械学习相

① 刘月霞．指向"深度学习"的教学改进：让学习真实发生 [J]. 中小学管理，2021（5）：13-17.

比，以上所列举的学习更强调学习者主动参与，强调意义、理解、专注。但是，只有这些还不是深度学习。我们所说的深度学习，必须满足以下几个要点：深度学习是建立在学生先前知识基础上的概念改变的学习；深度学习是理解性的学习；深度学习是学生全面参与、全身心投入的学习；深度学习是有意义的、整体性的学习；深度学习是注重意义迁移与应用的学习。

（一）深度学习是建立在学生先前知识基础上的概念改变的学习

学生在进入学校学习之前，并不是一块白板，他们都已经具有一定的生活和社会经验，对一些社会现象有一定的认识与判断。这些经验、认识等被称为前概念。这些前概念有些会促进新学习的发生，有些则会阻碍新学习的发生。例如，许多小学生知道 1 千克和 1 千克质量是相等的，但当被问及 1 千克棉花和 1 千克铁哪个重时，他们却经常回答是 1 千克铁重。此时教师就应该将他们的前概念记录下来，让学生自己动手称一称，使学生意识到他们认知上存在的矛盾冲突，由此改变学生原有的概念与认识。从本质上讲，学习就是由经验引起的学习者原有观念的改变。只有学习者的知识、经验和情感、态度、价值观发生了持久的改变，我们才能说他学会了。然而，学生的前概念非常顽固，直接呈现一个新概念并不能真正促进概念发生转变。只有通过实验等方式呈现科学概念，从而引发学生的认知冲突，才能真正撼动前概念并使其发生转变。深度学习就是建立在学生先前知识基础上的概念改变的学习，先前知识在深度学习中不可或缺。

（二）深度学习是理解性的学习

深度学习一定是理解性的学习，换句话说，它一定摆脱了事实本位的教育价值观和知识观，走向了理解本位的知识观。杜威认为理解就是“知道事物是如何运作的，以及如何去运作事物”。只是记住了一个机器的全部零件，这不能称为理解。而当这个机器坏了，即便不知道这个机器的全部零件组成也能把它修好，这才叫理解。怀特海在《教育的目的》一书中认为，细枝末节后，剩下的东西才叫理解。也就是说，“理解即有用”，能够用来解决问题的东西才叫理解。所以，理解是建立在应用的基础上的。爱因斯坦认为，世界上最神秘、最不可理解的现象就是世界是可理解的。学习即理解，理解即思考。只有当学生发自内心地希望理解某事，而不是试图囫囵吞下打包好的知识时，才能做到真正的理解；只有当学生出于自己的意愿希望理解某些状况时，才能更好地运用真正的理解来应对这些状况。真正的理解应该是发自内心的渴求，是能够让学生主动思考的行为。真正的理解能够为深入学习奠定基础，理解是学生深度学习行为发生的前提，深度学习必定是理解性的学习。要实现深度学习，学习者首先要对研究的对象（问题情境）本身有一个全面、深入、完整的理解，其次还要理解与其相关的背景、环境等因素。人只有深度理解了问题本身，才有深度解决这个问题的可能。学生只有对这个不确定的信息有了深度理解，并穷尽这个问题背后的所有可能，才能真正深入理解问题本身，才能使后续的深度解决问题和分类建模成为可能。可以说，没有理解就不可能有深度学习的发生。

（三）深度学习是学生全面参与、全身心投入的学习

要想取得好的学习效果，学生积极主动地参与学习是必不可少的。学习过程是极其复杂的，在这个过程中永远离不开学生的深度参与和全身心投入。对于深度学习来说，学生的深度参与、全身心投入是不可或缺的。深度学习强调学生主动参与、积极建构、自我发展，强调社会意义上的个体参与、社会建构。深度学习应该在让学生全面感知世界的同时，最大化地给予学生用身体“五觉”亲身、全面、完整地感受整个世界的机会，让学生用全部的身心体验学习，充分激活更多的神经元和更深层的神经元。这种参与和学习一定是学习者自觉、自主的，被动学习很难实现真正的深度学习。学生在深度学习时的学习投入是全身心的，不仅是思维的投入，还是情感意志、动机、精神乃至身体等的全方位投入。深度学习正是立足于学生发展需要，使学生深度参与、体验成功、获得发展的一种全身心投入的学习过程。

（四）深度学习是有意义的、整体性的学习

深度学习是有意义的、整体性的学习，这种学习表现为：学习者以掌握知识本身为目的，具有内在的学习兴趣和积极负责的学习态度；建构知识关联，理解核心内容，能进行抽象情境化表达并解决问题；客观认识学习环境，理解学习活动、资源与工具；恰当运用不同媒体，参与深度对话与合作；进行自我反思、评价与管理。深度学习强调学习本质，当深度学习成为教育实践的共识和常态时，学习的本质便得以回归。此时，“深度学习”的名称可能又将回归到“学习”，而不需要对“深度”再加以强调。值得一提的是，深度学习与虚假学习、机械学习是相对的，后两者不是学校教学的应然。而整体学习、探究学习和项目学习等方

式，当它们在教学中的运用产生了深度学习的过程和结果时，可视为深度学习的具体形式，但也有可能由于不满足条件而没有产生深度学习。因此，并非特定的学习形式必然产生深度学习。人的深度学习是一种整体的学习状态，是学习者全身心投入的过程，而绝不仅仅是学习者大脑内部信息加工的过程。它既是一个信息加工过程，又是一个充满着情感意志精神、兴趣的过程；它既是一个个体学习过程，又是一个社会过程、文化过程。深度学习之所以强调整体的学习，是因为深度学习需要多维表征，不仅有内容方面的各种表征，还包括情感表征和社会化表征。学习的认知过程，包括社会和情感方面的各种因素。

学生在深度学习中所能获得的不能仅仅是知识或思维，或是解决问题等理智方面的能力，而应当是全面的发展，像情感意志、精神、激情、德行、灵性、自由、理想、卓越性、超越性等这些能够赋予学生整体生活以意义乃至对于学生终身幸福至关重要的品质与价值，它们理应是深度学习过程中与学生相伴随的、内在具备的特质，否则学习也就毫无意义，因为学生会变得像“机器人”那样学习，而“使得生活具有趣味和意义的事情都来自道德和美，如果一切都替换成经济利益，那么人就以新的方式退化为动物了”。[①] 因此，教育就应当是“人的灵魂的教育，而非理智知识和认识的堆集”，是“人与人精神相契合”，是使受教育者“顿悟的艺术”，是促进受教育者自觉“生成”的一种方式，就是要让每个受教育者都能够主动地、最大限度地发挥自己天赋的潜力，使其“内部灵性与可能性”得到充分发展。深度学习也是如此，它应当是一个自我唤醒、自我生成、自我创造、自我超越的过程，是有意义的、整体性的学习过程。

（五）深度学习是注重意义迁移与应用的学习

迁移与应用解决的是知识向学生个体经验转化的问题，即将所学知识转化为学生综合实践能力的问题。迁移与应用需要学生具有综合能力、创新意识，而迁移与应用本身也正是有目的地培养学生综合能力、创新意识的活动。迁移是学习发生的重要指标，应用则是迁移的重要表征之一，同时也是检验学习结果的最佳途径。在深度学习中，迁移与应用不只是对学习结果的检验方式，还是重要的学习方式。迁移是经验的扩展和提升，应用是将内化的知识外显化、操作化的过程，也是将间接经验直接化，将符号转换为实体、从抽象到具体的过程，更是知识活化

① 赵汀阳．论可能生活 第 2 版 [M]. 北京：中国人民大学出版社，2010.

的标志、学生学习成果的体现。奥苏贝尔认为，一切有意义的学习都是在原有学习的基础上产生的，即有意义的学习必然包括迁移。深度学习要求学习者能够深入理解学习情境，在新情境中分析判断差异并将规律方法迁移运用到问题解决之中。要引领学生“从旧知迁移到新知、从新知迁移到应用、从课堂迁移到生活”，提高学生解决问题的能力。如不能将知识运用到新情境中来解决问题，那么学习者的学习就只是简单的复制、机械的记忆、肤浅的理解，仍停留在浅层学习的水平上。通过深度学习，学生不仅要“留”和“存”知识，还要“取”和“用”知识，还要完善认知结构，实现关键能力发展。迁移所解决的正是间接经验直接化的问题，既为内化的知识提供外显化和操作化的空间，又促进学生将所学的知识转化为综合实践能力。学生的实践能力、创造能力正是在知识迁移运用的过程中得以提升的。学生准确提取与综合运用所学知识，不仅能促进学生知识结构的完善，还能促进学生综合实践能力的提升。因此，深度学习一定是注重意义迁移与应用的学习。

第二节　深度学习的特征与价值

一、深度学习的特征

深度学习是当前教育改革的热门话题之一，但人们对深度学习的理解仍存在认识上的偏差。提起“深度学习”，人们往往会联想到人工智能中的“深度学习”。人工智能中的“深度学习”，是基于机器学习算法的深度学习，而涉及教育学习领域的“深度学习”并不神秘，它并不是前所未有的新的学习理论，它是对原有表层学习、机械学习的批判与反思，是数百年来优秀的教学实践与理论研究的升华与提炼，与人工智能中的“深度学习”相比，教育领域中的“深度学习”具有自己独有的特征。①

（一）首要特征：知识建构

个人的经验和人类的知识成果是紧密联系在一起的。学生在进入学校前的日

① 胡平．新课标背景下基于深度学习语文教学的实践与思考[J]. 学周刊，2024（21）：125-127.

常的生活中已经积累了一些生活经验，学生的这些生活经验需要被教师在教学过程中唤醒，这些生活经验有些是正确的，有些是错误的，其中错误的经验需要教师的进一步改造。这种唤醒或改造以往经验的活动可以称之为“联想”，而以往经验融入当下教学中并得以提升、结构化的过程可以称之为“结构”。可能有的教师会感到疑惑，学生学习更多的是间接经验，如何获得“新结论、新产品”？注意，知识建构不是要求学生原创，而是要智慧复演，要把现成的知识融入自己原有的知识体系之中，从而创造性地解决问题。

深度学习的过程就要以联想的、结构的方式去建构学习，将已有经验与新经验（知识）之间建立紧密的联系，从而使学生与知识建立意义关联。学生的已有经验是零碎的、杂乱无章的，但在教学过程中，教师会将这些零碎的、杂乱无章的生活经验融入教学，在教师的引导下，根据学习活动去联想、调动、激活以往的经验，对学习内容进行组织，从而建构出新的知识结构，使得这些经验成为有逻辑、有结构、有体系的知识。在深度学习过程中，学生是信息加工的主体，学生不是简单被动地接收信息，而是主动地建构知识的意义。在学习过程中，学生对知识的主动建构是深度学习的首要特征。

（二）核心特征：活动与体验

在深度学习过程中，教师要给学生提供自主探索的机会，引导学生去动手实践、自主探索，鼓励学生从不同的角度、不同的途径去观察、猜测、验证、从而解决问题。在活动中感悟，在活动中体验。例如，某教师执教“轴对称图形”一课，当学生认识轴对称图形的特征后，教师出示三角形、五边形、梯形、平行四边形、圆形五种图形，让学生判断这些图形是不是轴对称图形。在交流过程中，针对“平行四边形是不是轴对称图形”这一问题，不同的学生有不同的理解：有的学生认为是轴对称图形，理由是从中间画一条线，可以把平行四边形分成形状大小完全一样的两个小平行四边形；有的学生认为不是，理由是对折之后，两边的图形没有完全重合。这时，教师没有直接下结论，而是围绕这一矛盾冲突点，诱发争议：左右两边形状大小一样就一定是对称吗？看一个图形是不是轴对称图形，关键看什么？在争议中，学生逐渐把握了轴对称图形概念的关键——“对折”和“完全重合”。平行四边形是不是轴对称图形，恰恰是学生的易错点，形成错误的原因有三个方面：一是学生的思维水平较低，容易受视觉的影响；二是受长方形、正方形这些与之相似的四边形的干扰；三是学生对轴对称图形的本质特征认识不清晰，关注的重点偏向于“两边形状一样”，而忽略了“对折”这一关键特征。当两种意见僵持不下时，教师的高明之处不是简单提醒或直接告诉，而是引导学生进行思考和辩论，充分暴露思维过程。在激烈的认知冲突中，学生对轴对称图形的本质形成了新的认识。让学生真正经历学习活动过程，获取充分的学习感受与体验，是学生实现深度学习的必由之路，是深度学习的核心特征。

（三）本质特征：深度理解

深度学习的过程首先是基于理解的学习过程。澳大利亚著名认知心理学家海尔福德教授认为，个人自主性的提高与理解有很大的关系，理解对于个人进行深度认知具有十分重大的意义。简单的记忆过程不等同于完全的理解，理解还包括监控与联系的交互过程、应用与存储的交互过程、试验对照与表征建构过程以及外部世界与知识经验的印证过程等，这是一种双向的交互过程。这种交互作用过程不但能满足学习者的个人内在求知需求，促进学习者的意义建构，而且能帮助学习者发展在不同情境中的灵活处理能力、推理及批判能力。深度理解是深度学习所具备的本质特征，它既可以看作是学习过程，又可以看作是学习结果。理解的过程不仅可以在原有的知识经验基础上补充新的认知要素，还可以在不断发展的过程中整合、产生适应于新知识的认知结构。这样的深度理解是全大脑、全身心参与的加工过程。这样的教育所培养的学生能够学会理解、欣赏、享受等，而不仅仅是知道些什么，记住了什么。深度学习强调对知识的本质理解以及对学习内容的批判性运用，强调在学习过程中形成能力，并且将能力进行迁移，尤其是利用所学习的知识去解决问题，并在问题解决的过程中表现出一种高阶思维。深度学习强调理解性的学习、批判性的高阶思维、主动的知识建构、有效的知识迁移以及真实问题的解决。深度学习中的理解，更强调一种深层次的思考，即解释、思辨推理验证、应用等更有难度、更加复杂和更具综合性的学习结果。

（四）固有特征：高阶思维

高阶思维是指发生在较高认知水平层次上的心智活动或认知能力，它在教学目标分类中表现为分析、综合、评价和创造。学习者在学习过程中可借助高阶思维将学习资料整理成有组织的、可归类的、有联系的、系统的材料，并能够通过一些判断准则与逻辑规则将复杂的信息组织成一个整合的体系，形成一种高度抽象的思维结构。相反，如果学习者不具备高阶思维的能力，那么呈现在其大脑中的知识片段之间往往是没有关联的、无序的。深度学习的综合认知加工的过程需要学生具有高度抽象的思维能力，经过逻辑推理与批判性思考将片段的信息组织为一个整体，而认知加工的结果便是能够利用整合的知识去解决具体情境中的各种问题。显而易见，深度学习的实现必然是以高阶思维为基础的。学生拥有高阶思维和学会运用这种思维便能达到深度学习的层次，它是深度学习的固有特征。而在我们现在的学校教育中，并没有重视深度学习策略的训练和开发，教师教给学生的只是线性的、连续性思维，这会导致学生整体性、综合性思维能力的逐渐丧失。鉴于此，教师在教学过程中，一定要注重培养学生的高阶思维。

（五）必要特征：创造批判

创造性学习是与传统的维持学习相对的，它能够引起知识体系出现变化、更新、改组，并提出一系列有待解决的问题。传统的维持学习的本质其实就是浅层学习，学生在这种学习模式下往往处于知识的被动接受状态，且所学的知识表现出很明显的单调性与封闭性。创造性学习强调学习者的主体性、独立性、批判性和创新性。深度学习不但需要学生进行知识的积累与学习，而且强调教育的互动性和创造性，主张教育过程的各要素之间的动态交互的关系。教师通过激发学生的内在学习因素，使学生能够获得更为丰富的学习经验，以调整并改变自身的学习行为，从而丰富自己的知识结构，并实现知识的与时俱进与整合，适应新学习环境的要求。创造批判使得学生的主体性能够通过深度学习得到充分发挥，而这对其知识的构建也有很大的帮助，同时学生解决问题的能力以及科研能力也能通过自我批判得到强化。在知识经济时代，富有创造性、批判性特征的深度学习是学校教育中必不可少的。尽管这种创造批判能力因人而异，有强有弱，但学生仍需具备，它是深度学习的必要特征。

二、深度学习的价值

深度学习是时下教育教学领域的研究热题之一。有研究发现，近年来关于深度学习的研究呈整体上升趋势，刊载深度学习相关文章的刊物、涉及的高校和研究机构非常多，触及的研究内容也相当广泛。可以说，不了解深度学习，不深入研究深度学习，就很难对核心素养落地、课堂教学变革等问题有清晰深刻的认知。深度学习的理论不是某一流派的理论成果，而是历史上优秀教育理论基础及优秀教学实践经验的凝聚，是对学生学习与发展的一般途径的现实探讨。它在对学习本质的理性与经验的解释中，以融合的视角，解决日益复杂环境中有关学习的问题。深度学习的价值，在于克服机械学习、浅层学习的弊端，让学生主动、积极地学习，更重要的是，深度学习能够扭转长期以来的种种二元对立观念，使教师、学生、教学内容获得高度的统一，使教学内容实现其本应有的价值，使教师和学生在教学中获得最大的发展，使学生能够形成有助于未来持续发展的核心素养。

（一）深度学习会促使学生学习方式、学习态度、学习习惯发生变化

传统的学习方式突出和强调接受与掌握知识。为了取得理想的成绩，考试考什么，教师教什么，学生就背什么。学生的学习往往成了被动地接受、记忆的过程。而深度学习突出和强调学生的主动学习、深度探究、不断反思、主动建构，让学生独立思考，学会提出问题解决问题，进而具有批判性思维。深度学习强调理解性的学习、批判性的高阶思维、主动的知识建构、有效的知识迁移以及真实问题的解决。

在深度学习过程中，学生是学习的主体，学生需要全身心投入去理解、领会、评判、体验、感受才能学习，领悟"活"起来、"动"起来的知识。深度学习就是要让学生透过文字符号去感受、理解符号背后所隐含的内容与意义，理解知识在发现之初人们面临的问题情形以及解决问题的思路，采用的思维方式思考的过程，这样才能理解知识发现者隐含的情感态度，理解评价知识的价值。只有经历这样的过程，知识才可能通过学生的主动操作转变为学生的精神力量、转化为学生认识世界的方式，学习的过程也才能成为学生成长发展的过程。例如，在初中生物"人体废物的排出"的教学中，教师利用多媒体动画展示肾脏的不同结构组成，让学生观察肾小球、肾小囊、肾小管之间有何异同。以"尿是怎样形成的"为问题，引导学生在观察、比较的基础上提出问题，如"血液与原尿在成分上有何不同？""为什么正常的人每天形成的原尿大约 150 升，而形成的尿却只有 1.5 升呢？""尿液与原尿在成分上有何不同？""尿液中出现血细胞和蛋白质，这是怎么回事？""出现糖尿的原因有哪些？"等。学生提出的这些大大小小的问题，就是他们深度思考的结果。如果学生没有独立思考、深度对话，那么他们就不能将信息转化为知识，更无法把新知识与已有知识经验联系起来，在已有知识结构的基

础上建构新知识。深度学习需要学生主动地学习、积极地思考、深入地探究，成为学习的真正主人。这就会促使学生的学习方式和学习态度发生变化。学生的学习方式由接受与掌握变为自主与理解，学习态度由被动变为主动，学习习惯也在潜移默化中发生了变化。课堂的深度要影响学习的长度，那就是培养学生良好的学习习惯，如专心致志、多读勤写，规范书写、善于思考的良好习惯，克服悠闲学习、袖手学习、低头听课、机械记忆等不良习惯。好的习惯怎么来？当然不是从说教中来，而是从课堂中来，从学生的亲身体验实践中来，从教师的示范引领中来。习惯的培养是每一节课、每一名教师都必须高度重视并认真解决的问题。良好的习惯使人受益终生。例如语文课堂，在听、说、读、写、思等多种语文学习活动中培养，如用普通话有条理地讲话的习惯，边听边分析并归纳梳理的习惯，自觉查阅工具书的习惯，在阅读中自觉进行圈点勾画、概括摘要批注评点的习惯，对名言警句、精彩篇章积累的习惯，以及写日记、周记和随笔的习惯，等等。在深度学习过程中，为了提高学习效率，使学习能够深入进行，学生会自觉改正不良的学习习惯，逐渐养成良好的学习习惯。

（二）深度学习会促使教师教学范式、角色作用发生变化

互联网的兴起，既影响了学生的学习态度和方式，也挑战着教师的教学地位与作用。传统的教学与互联网 + 背景下的教学形成了两股强大的力量，这两股力量彼此影响。传统教育系统内部的种种弊端，如教师教学与学生学习兴趣的下降等，形成一种无形的推力，推动着传统教育的反思与变革；而在教育系统外部，科技与互联网的高度发达也形成一种强大的拉力，带动传统教育范式的转型与突破。陶行知先生说：我以为好的先生不是教书，不是教学生，乃是教学生学。想要教会学生学习，让学生爱学、会学，让学生主动地学、创造性地学，并在学习活动中不断发展高阶思维，就要先从转变教学范式开始。

深度学习的新教学范式是将科技与互联网元素充分且有效地融入教育目标的制订、师生互动与合作关系的建立、教学实践的设计与实施、学习质量测评的设计与执行中来，旨在最大限度地实现学生对知识的掌握、理解、分析、评价、应用和创新，促进学生潜能和全方位素养的发挥和培育。深度学习不是把知识（人类认识成果）简单地平移、传输、灌输给学生，而是由教师带领学生进入知识探索发现的情境与过程中，引导、帮助学生成为知识发现的参与者而不是观察者。换

言之，学生并非被动地接受新知识，而是主动参与知识探索发现的过程，亲身经历知识的再形成和再发展过程。教师在课堂上要放得出去，收得回来，收放自如。学生是主体，教师是主导，教师要给学生时间咀嚼、消化、吸收，而不能“蜻蜓点水”。呈现学习成果并不一定越完美越好，有时候不足和欠缺之处，正是课堂的增长点和亮点。教师要提升，要拓展，要为学生指明学习的方向，这就需要教师有很好的课堂掌控能力。

所谓“学然后知不足，教然后知困”，没有好的教师，就不可能有学生的深度学习。同样，教师在不断引发学生深度学习的过程中，自身也能够得到专业成长。在信息时代，教师在教学活动中的作用发生了变化，不再只作为知识的传递者而存在。教师作为教师存在的最根本的理由和价值在于激发学生的学习动机，引导学生自觉开展学习活动，帮助学生学得透彻、学得愉悦，启发学生在学习过程中质疑、批判、深入思考。对于教学中的教师而言，所谓的“教师中心”没有存在的意义，因为教师的所有愿望及一切工作的出发点，都只是促进学生的深度学习。深度学习要求教师自觉担当更为丰富的职责，把社会的角色期待转化为学生个人的愿望，把教学内容转化为教学材料，引导学生去思考和感悟教学材料中所蕴含的复杂而丰富的思想和情感内容，带领学生从自在的个体成长为有思想、有能力、有社会性情感、有积极态度和正确的价值观的未来社会的主人。这样的教师，是为学生成长服务的教师，也是成就自我、实现自我价值的教师。在深度学习理念之下，教师与学生、学生与课程、人类知识与儿童经验、知识学习与能力培养、知识学习与品格养成、知识学习与情感需要不再分离对立，而是有机统一的整体，教学活动则成为与学生个体生命息息相关的活动。

（三）深度学习会促使教学内容发生变化

深度学习的一个重要标志，就是能将外在的教学内容转化为学生内在的精神力量，但是这种转换是不能直接发生的，教学内容必须先转化为学生能够进行思维操作和大脑加工的教学材料，才可以成为学生学习的内容对象。这里所说的“教学材料”是指由教师提供的、具有教学意义的、能够体现教学内容的符号或实体性材料。如，用于表述知识的文字符号，以及物质实体（教具、音像资料以及教师的板书、示意图等）。教学材料是人类认识成果的物质化，内在地隐含着一定的知识、思想、情感态度与价值观，同时也包含着教师为学生的学习活动而设计的活动方式、路径以及过程、环节，是教师对学生素养形成的主动设计与引领。当教学内容转化为教学材料后，教学内容便从“硬”的知识转变为动态、丰富、鲜活的人类认识过程，成为可以进行思维操作和加工的对象，从而能够在学习活动中转化为学生的精神力量，引导学生的成长与发展。正是在这个意义上，当静态的知识转化为学生的精神力量时，人类认识成果（知识）才实现了它本应具有的价值，才能继续合理地存在于人类历史之中，成为与未来社会实践相关的人类历史成果（而不是静态的存在物）。这正是教学之于人类历史文化的意义，同时也是人类历史文化自身的价值所在。

第三节　深度学习的过程与策略

一、深度学习的过程

深度学习的最终目的是将学生培养成为一个“有效的学习者”，即使学生能够做到：在学习过程中注重对知识的批判性理解，主动寻求知识的意义；在注重逻辑关系和结论之证据的同时，寻找模型和原理；能将新、旧知识联系起来，形成知识结构，并尝试将新知识和解决现实生活的问题结合起来；能在协作中建构和共享知识。可以说深度学习能够最大限度地彰显学生的主体性，使学生获得更高的自我价值感，并在内部动机的激发下形成良好的学习品质与思维习惯。那么，深度学习如何才能真实发生，需要怎样的过程呢？笔者认为需要五个阶段：理解性学习阶段、知识统整阶段、自主建构阶段、迁移运用阶段和评价反思阶段。

（一）理解性学习阶段

什么是理解性学习呢？“理解”指知道、明白，一般用于抽象事物，指理性认识。“学习”有广义和狭义两种理解，广义的学习是指在学习过程中，一切为达到学习目的、掌握学习内容而采取的手段、方法、途径，以及学习所应遵循的一些操作性原则、组织管理环节等。狭义的学习是指学习过程中学习者所采取的具体活动措施与策略。“理解性学习”是指学生在学习过程中，结合已有认知、经验等对新的学习内容进行再加工，形成新的认识的过程。深度学习强调对知识内容、概念的理解，而非机械的记忆，强调学生通过学习能够深刻理解知识的本质而非表象，从而加深对深层知识和复杂概念的理解。深度学习要求学习者个体头脑内部知识与社会知识能有效接洽、融合，即个体认知与社会发展融为一体。每个学习者的学习实际上是个人认知建构的过程，不同学习者之间进行碰撞，实际上是在促进知识的社会建构。每一个学习者都能从别人的学习中得到启发，不断补充并完善自身知识的建构。在深度学习过程中，学习者结合自己原有的经验体系来探索新知识，将所学知识的不同部分联系起来，在学习实践和应用中达到深层次的理解，形成结构化的、灵活的、属于自己的理性知识体系。①

（二）知识统整阶段

知识不仅是头脑和书本中所包含的东西，还包括我们参与社会生活时动手操作与行动中所包含的东西。知识的来源非常广泛，包括理论性教学知识和实践性教学知识。学习者在理解性学习的基础上，对新的知识已经有了一定程度的了解与掌握，这时就需要将所学的新知识、新内容与已有的知识系统整合，使知识更加丰富。统整既可以将新、旧知识紧密联系起来，形成知识体系，又有利于学习者更好地理解新知识。在学习过程中，学生可以采取多种统整形式，如连接式统整、层级式统整与全景式统整等。连接式统整意在建立理论性教学知识与实践性教学知识两个场域间的对话机制，层级式统整旨在建构教学知识系统的内在层级结构，全景式统整意图统摄教学知识系统。一方面，这种知识统整系统对相关概念进行考辨，对概念的各种用法作全面梳理，并指明各种用法特定的适用情境，这样可以减少由于概念界定不清、指代不明而产生误解或歧义的危险，充分发挥知识的应有功用。另一方面，应以一定的规则对理论性教学知识和实践性教学知识作系统梳理与优化整合，明晰知识的类属、知识的指向、知识的价值和知识的不足，建立起知识共享和交流的平台。全景式统整的机制就是在公共知识个体化与个体知识公共化的相互转化中实现的，公共知识个体化既是个体对公共知识的学习认同、批判取舍的过程，同时也是公共知识提升与优化的过程，个体知识公共化则是个人知识附着在一定的传媒载体上，在一定范围内流传且得到公众的认可与批判，在这种静态呈现与动态发展的交替中逐渐地实现教学知识的统整。知识统整阶段是深度学习真实发生的进一步深入的必经阶段 。

① 陈凤雷.深度学习的基本特征与促进策略：基于知识学习过程的视角[J].化学教学，2024(8)：3-7.

（三）自主建构阶段

“自主”是指自己主动，不受别人支配。心理学中，自主就是遇事有主见，能对自己的行为负责。“建构”指的是结构的发生和转换，只有把人的认知结构放到不断的建构过程中，动态地研究认知结构的发生和转换，才能解决认识论问题。“自主建构”是指学习总是与一定的社会文化背景即“情境”相联系的，在实际情境下进行学习，在理解性学习和知识统整的基础之上通过去同化和索引当前学习到的新知识，从而进行认知的再次建构。学习者带着问题主动、积极地运用已有知识和认知经验寻求解决问题的方法，使整个教学过程成为由学习者自主运用上位理论知识感受问题、发现问题、分析问题、解决问题的过程，同时动手操作并接受教师的指导，学习者参与自主学习，以提高解决问题的能力。通过自主建构学习，学习者的认知空间得到拓宽，学习者原有的知识转化为认知工具，学习者的自主表现欲增强，能在开放的环境下大胆发表自己的观点。在自主建构阶段，学习者对问题的意义进行建构经历了从记忆中激活和提取与问题相关的知识和经验，进行比较、分析、综合，形成再学习、再创造的认知图式。

（四）迁移运用阶段

什么是迁移呢？“举一反三”“触类旁通”“授人以鱼，不如授人以渔”等都是对迁移现象所做的形象的概述。深度学习要求学习者理解学习情境，对关键要素的判断和把握可以在相似情境中“举一反三”，在新情境中分析、判断差异并将原思路迁移运用。深度学习中的迁移就是要从旧知迁移到新知、从新知迁移到应用、从课堂迁移到生活，最终目的是提高学生问题解决的能力。深度学习尤其强调学生基于对知识的理解、合理地进行迁移和应用，尤其是在特定问题情境中，能够运用已有知识、技能去解决实际问题，究其实质，是一个学生实践能力发展的过程。

学生学习知识的目的也在于应用。应用知识解决问题既是检验学生对知识的理解或保持的一种手段，也是使学生加深理解和巩固知识的重要方式。实施深度学习，应该倡导“为迁移而教，在运用中学”的理念。深度学习就是要将所学新知识进行迁移运用，实现学以致用。迁移应用阶段的主要任务是针对掌握的新知识进行适当的练习，能运用新知识解决实际问题。通过深度学习，学习者不仅能学习实践的方法和规范，还能在知识迁移和应用中体验实践的过程，形成实践的思维方式和行为模式。

（五）评价反思阶段

深度学习是否真实发生，必须通过一定的评价标准来判断。不同的学习内容、任务等具有不同的评价标准。深度学习的评价反思阶段是基于批判性的深度学习过程的最后一个阶段。深度学习是一个认知结构不断由浅入深的过程，反馈与反思是深度学习的关键，而评价是由浅层学习向深度学习过渡的过程中必不可少的环节。及时的反馈和全面的、多元化的评价可以促进学习者不断地反思自己整个的学习过程，不断地完善自身内在的知识体系。在学习者整个的学习过程中，需要时刻对自己的学习过程作出带有批判意义的反思和评价，根据个人的实际学习情况批判性地接受他人观点，不断加深自身对知识的理解程度。深度学习中的评价要合乎伦理、主体多元、融入教与学之中。对于深度学习来说，合乎伦理的评价是一条生命线，如果学生在评价中受到伤害，那么他们进一步学习的意愿、动力和投入就会减少甚至消失，深度学习就不会发生。评价方式需要多元化，而评价多元的目的是通过分享、处理与再建构学习资源，促进学习者发生深度学习。评价在深度学习中起到催化剂的作用，通过评价使学习更有深度。反思是对自己的思维过程、思维结果进行再认识的检验过程，是学习中不可缺少的重要环节。反思的本质是一种理解与实践之间的对话，是这两者之间相互沟通的桥梁，是理想自我与现实自我的心灵上的沟通。反思不是一般意义上的“回顾”，而是反省思考、探索和解决存在的问题。我们只有通过不断反思，及时发现自己的问题并加以改进，才能逐渐塑造出完美的人格。评价反思阶段能够促进学习者快速成长，使学习者不断提高各种能力，成为善于评价、反思的成长型学习者。

二、深度学习的策略

学习策略作为一个完整的概念，是在布鲁纳 1956 年提出“认知策略”以后出现的。好的学习策略可以提高学习者的学习效率和效果，使学习者快速地成长起来。笔者认为，学习策略是指学习者为了提高学习的效果和效率，用以调节个人行为和认知活动的一种抽象的一般的方法。这里所探讨的深度学习实施策略主要是从学习者的角度出发，能够促进学习者深度思考、研究、反思等，以提高学习者高阶思维的抽象的一般方法。

（一）学习过程中的问题意识养成策略

爱因斯坦说过：提出一个问题往往比解决一个问题更重要，因为解决一个问题仅仅是一个数学上的技能而已。提出新的问题、新的可能性，从新的角度去看旧的问题，都需要创造性的想象力，而且标志着科学的真正进步。深度学习就是要让学习者的成长从提高解答试题的能力转向为提高解决问题的能力，进而转向提高做事的能力。问题是课堂活力的源泉，学习者提出问题、理解问题、解决并产生新问题的过程，就是知识获得的过程。从浅层学习转变为深度学习，中间的桥梁是“问题化学习”。在深度学习过程中，学习者要在符合自身认知的情境中，围绕一两个可分解的主问题，以思维的发展和实际问题的解决为目标，以整合的知识为内容，积极主动地、批判性地学习新的知识和思想，并将它们融入原有的认知结构中，且能将已有的知识迁移到新的情境中，在强烈的学习动机的引导下产生思维共振和质疑论辩，从而参与问题解决的全过程，在问题解决的过程中建构新的概念，掌握新的方法，在知识的海洋中遨游。学习者要善于发现有意义的问题，然后促使自己能够自觉思考，使学习者进入“心求通而未通”的境界，以此实现深度学习。学习者之间也要经常讨论，在互相竞争、相互诱导、相互激活的过程中，学习者的创新力和想象力在讨论中触发，就能迸发创新思维的火花，使学习者从多角度、多层次去思考问题，产生一个又一个问题，这样能让学习者敞开思想，使各种设想在相互碰撞中激起脑海的创造性风暴。对于学习者来说，问题意识的养成是极其重要的，它必须受到学习者的高度重视。

（二）学习过程中的高阶思维能力发展策略

深度学习是相对于只强调机械记忆、简单提取和浅层理解的浅层学习而提出的，关注学习者高阶思维能力的发展，在深度学习过程中，高阶思维的发展作为学习目标伴随课堂学习的始终，要始终将“分析、评价和创造”作为学习目标的重点关注对象。高阶思维是发生在较高认知水平层次上的心智活动或认知能力。它在教学目标分类中表现为分析、综合、评价和创造。高阶思维是高阶能力的核心，主要指创新能力、问题求解能力、决策力和批判性思维能力。高阶思维能力集中体现了知识时代对人才素质提出的新要求，是适应知识时代发展的关键能力。在学习过程中，学习者要善于发现问题并提出问题，主动地去观察，去思考，去发问，不断地积累问题，提出问题，有目的并坚持不懈地去用心探究，不断提升自己的创新能力、问题求解能力、决策能力和批判性思维能力，逐渐形成高阶思维能力。

（三）学习过程中的主体体验、深度互动策略

体验作为一种由身体性活动与直接经验引发的感情和意识，是学习过程中不可或缺的一部分。每个学习者都拥有自主学习和掌握理论知识的基本能力，而当他们对学习抱有浓厚的兴趣时，便能通过实践和自主学习更有效地掌握知识，并创造性地运用或开发知识，从而获得智慧。

深度学习特别强调学习者的主体性，它倡导在“做中学”和“学中做”的教育理念，强调学习者的自身感悟与体验。每个学习者都有自己的经验世界，不同的学习者对同一问题可能有着不同的假设和推论。通过主体体验和深度互动，学习者能够将课堂所学知识与现实生活紧密联系起来，建构一个灵活而有弹性的知识体系。

在深度学习的过程中，学习者必须发挥其主体作用，真正地去体验和感悟学习的乐趣，只有这样才能进一步深入所学内容，挖掘其内在的意义与价值。学习者在学习过程中获取知识、加深理解和迁移应用是交叉并行的——只有在理解中尝试应用，才能在应用中加深理解，建构新的认知，形成新的思路和方法。学习者有了解决问题的经历和体悟，才会有强烈的学习动机，使学习得以深入进行。

学习者的主体体验和深度互动是深度学习的基本保障。当学习者在体验中学习时，他们不仅能够吸收知识，还能够通过亲身实践来验证和深化这些知识。这种体验可以是实验、项目工作、角色扮演或任何形式的实践活动，它们使学习者能够将抽象的概念具体化，从而更好地理解和记忆。

深度互动为学习者提供了一个平台，使他们能够深入学习内容本身，并与同伴、教师深入地交流和探讨。这种互动可以促进批判性思维的发展，帮助学习者从不同的角度审视问题，提升他们的分析和解决问题的能力。通过与他人的合作和讨论，学习者能够分享自己的想法，接受反馈，从而不断完善自己的理解和知识结构。

在深度学习中，学习者不仅是知识的接受者，而且是知识的创造者。他们通过体验和互动，不断地构建和重构自己的知识体系，使之更加适应不断变化的世界。这种学习方式鼓励学习者主动探索，勇于创新，不满足于表面的知识掌握，

而是追求深层次的理解和应用。

体验和深度互动是深度学习不可或缺的组成部分。它们使学习者能够在实践中学习和成长，通过体验来深化理解，通过互动来拓宽视野。这种学习方式不仅能够提高学习者的知识水平，还能够培养他们的创造力、批判性思维和解决问题的能力，为他们的未来学习和生活打下坚实的基础。

（四）学习过程中的反思性学习策略

“吾日三省吾身”，这句古训深刻地揭示了反思在个人成长中的核心作用。反思如同一面明镜，能够清晰地映照出我们的错误和不足，为我们提供了改正的机会。反思是一种自我反省和自我检查的过程，使个体能够认识到自己的短处，从而采取措施弥补不足，纠正错误。那些力求上进的人都非常重视反思，因为他们深知，反思是认识自我、改正错误、快速提升自我的有效途径。通过反思，个人的人格得以不断完善，人也逐步走向成熟。

对于学习者来说，反思的重要性更是不言而喻：它能够帮助学习者认识到自身的不足，发现问题，及时改正，从而促进自身的快速成长。反思性学习策略是学习者个人对自己认知加工过程的自我察觉、自我评价和自我调节。这种策略要求学习者对自己的学习过程不断进行反思、概括和抽象，而不是被动地接受知识，不是单纯地复制与同化信息。

通过运用反思性学习策略，学习者可以更深入地理解学习材料，提高学习效率。这种策略鼓励学习者主动探究，从而提高解决问题的能力和创造力，实现全面的发展。反思性学习既是对知识的吸收，也是一种对学习过程的深入思考，它涉及对学习策略的选择、应用和调整，以及对学习结果的评估和反思。

对于学习者来说，要想实现深度学习，就必须善于运用反思性学习策略。深度学习要求学习者能够深入理解知识，将新知识与已有知识相联系，并能够将知识应用于新的情境中。这一过程需要学习者不断地自我反思，识别和解决学习中遇到的问题，从而实现知识的深层次理解和应用。

在反思中，学习者可以总结自己的学习风格和偏好，调整学习策略以适应不同的学习任务。他们可以评估自己的学习进度，确定哪些方法有效，哪些需要改进。通过这种方式，学习者能够在学习过程中不断进步，不断提高自己的学习能力和效率。

第四节　深度学习的评价

评价是整个教学活动中的必要组成部分，是教学与研究的风向标。深度学习的评价是深度学习研究的重要环节，是判断深度学习达成的标尺，可以定位深度学习的程度，还可以约束深度学习的发展过程，指导内容设计与活动实施。对深度学习进行评价是深度学习的生命线，在深度学习中起着非常重要的作用。要对深度学习进行科学、合理的评价，笔者认为应该从以下几个方面去考虑。

一、深度学习评价的目标

深度学习的评价是教育评价体系中的一个重要组成部分，它不仅涉及对学习者深度学习能力水平的评估，还包括对深度学习过程及其结果的评价。这种评价方式以学习目标为依据，通过运用观察、调查、测验等多种方法，收集学习过程及学习结果等方面的客观资料，并进行相应的处理，以对学习效果进行检验和价值判断，对学习目标进行反思和调整。

学习目标是深度学习评价的出发点和重要依据。深度学习是一种高阶学习，它要求学习者能够通过学习获得高质量的学习结果、实现有意义的学习。这种学习方式的最终目标是帮助学习者全面实现学习目标，发展高阶思维能力。深度学习的预期结果主要集中在认知、动作技能和情感态度三个领域，这与一般学习评价的评估维度相一致。然而，深度学习评价的特殊之处在于，它更加强调评价的自主性、真实性、过程性和反馈性，旨在让学习者在真实任务中主动探究、反思，进而发展高阶思维能力、问题解决能力等高阶能力。

深度学习的评价以学习目标为依据，学习目标是评价的出发点和依据。在深度学习的评价结构设计上，更多地考虑学习者的学习目标制订是否合理、自身评价系统内容是否健全等因素。深度学习的理论基础和根本出发点是学习目标，因此在对深度学习进行评价时，需要考虑学习目标是否达成这一重要的要素。

为了实现这一目标，深度学习评价需要采取多种评价方法和工具。观察是一种常用的评价方法，教师可以通过观察学生在课堂上的表现、参与度、互动情况等来评估学生的学习过程和学习态度。调查则可以通过问卷、访谈等方式收集学生对学习内容、教学方法、学习环境等方面的反馈，以评估学习效果和学习体验。测验则是一种更加量化的评价方式，可以通过考试、测试等手段来评估学生对知识的掌握程度和技能的熟练度。

在深度学习评价中，自主性是第一个关键因素。这意味着评价过程需要鼓励学生自我评价，自我反思，自我调整，从而提高他们的自主学习能力。通过自我评价，学生可以更加清晰地认识到自己的学习进度、学习难点和学习优势，从而更有针对性地进行学习。

真实性是深度学习评价的第二个关键因素。这意味着评价需要在真实的学习环境中进行，评价任务需要与学生的实际生活和未来职业需求相联系。通过真实性评价，学生可以在实际情境中应用所学知识，解决实际问题，从而提高他们的实践能力和创新能力。

过程性评价是深度学习评价的第三个关键要素。这种评价方式强调持续关注和评估学习过程，而不仅仅是对学习结果的评价。通过过程性评价，教师可以及时了解学生的学习进展，发现学习中的问题，提供及时的反馈和指导，帮助学生及时调整学习策略，提高学习效率。

反馈性是深度学习评价的第四个关键因素。这意味着评价需要为学生提供及时、具体、建设性的反馈，帮助学生了解自己的学习情况，明确学习目标，激发学习动力。通过有效的反馈，学生可以及时调整学习行为，改进学习方法，提高学习效果。

深度学习的评价是一个全面、多维、动态的过程。它不仅涉及对学习者深度学习能力水平的评估，还包括对深度学习过程及其结果的评价。深度学习评价以学习目标为依据，通过多种评价方法和工具，收集学习过程及学习结果等方面的客观资料，并进行相应的处理，以对学习效果进行检验和价值判断，对学习目标进行反思和调整。深度学习评价可以促进学生的全面发展，提高学生的高阶思维能力、问题解决能力等高阶能力，实现有意义的学习。

二、深度学习评价的要求

深度学习兼备多数学习形式的共同特点。在实际的学习过程中，深度学习以高阶思维作为其显著特征，因此对深度学习的考核需要重视学习者的高阶思维的培养，对学习者思维的培养进行确认和评估，来衡量认知的程度和结果。因此，在深度学习评价过程中需要注意以下几点。

（一）评价合乎伦理，实现手段与目的融合

评价应该是合乎伦理的，这是从事评价工作的底线。学生评价应该是合乎道德、公平、有用、可行和准确的。对于深度学习来说，合乎伦理的评价是一条生命线。如果学生在评价中受到伤害，他们进一步学习的愿意、动力和投入就会减弱甚至丧失，深度学习也就不可能发生。从促使学生表现出学习高投入的角度来看，想要作出合理评价，教师需要遵守三个方面的基本规范：第一，公平公正地对待学生，使学生愿意投入学习。公平意味着采用适切的评价，给予每位学生在学习机会、过程和结果诸方面的平等地位，以及充分的评价知情权和参与权，学生不会因暂时的考试失利或不良的课堂表现而得不到教师积极的回应。公正表现在程序和个人意见上，确保评价任务与程序的公正，如在设计评价任务、进行评分时，尽可能避免学生性别、成绩、家庭条件等方面的偏见，避免对学生形成成见，随意给学生贴上情感标签，如“男生的数学能力比女生强”“那些爱打扮的学生对学习不会感兴趣”“他是有学习障碍的人”，以致在评价时另眼相看。第二，保护学生的评价信息隐私，使学生树立能够学好的信心。评价信息方面的隐私主要是指未经教师告知或公布，其他人得不到的深度学习的结果，如考试成绩及名次、课堂练习结果、作业等。教师不能随意公开这些信息，特别是那些深度学习表现及其结果不佳的学生信息，从而为学生提供心理上的安全感，不至于对评价产生焦虑与畏惧，并引导学生正确对待与处理这些信息，关注与自己设定的目标，明确前行的方向，努力学好。第三，尊重学习的多样性，给予人文关怀，使学生能够持续学习。对于学生学习的多样表现，不要因学生不会调用高阶思维而奚落他，不要因学生暂时掉队而放弃他，不要因学生一时的失利而打击他。要给予学生有温度、有温情的评价，让学生感受评价中的师爱，保持学习动力，改善学习状态。评价合乎伦理的目的是实现学习高投入，为深度学习提供根本性的条件保障，达到评价为善的初衷。

（二）评价主体多元，实现自我与他者统一

要使深度学习在评价过程中发生，就要让学生学习的知情人参与评价，因为他们不仅可以收集各自熟知的学习信息，确保信息的真实与全面，而且通过相互间的交流与协商，产生的评价信息更容易被学习者接受与消化。了解学生学习情

况的主要有两类人员，一是学生自己，二是辅助学生学习的教师、同伴与家长。这两类人员在“为了学习”和“作为学习”评价类型中均有提及。他们作为主体，并不是各自为政，任性而为，而是围绕学生在学习过程中产生的各类信息与结果展开对话，提供有助于学生深度学习的综合信息。也就是说，这些主体对学习评价各司其职、相互平等，不存在谁掌控谁的问题，只是针对学习内容的评价发起人和主动权有所不同。例如，教师往往是规划和分享学习目标与成功标准的发起人，掌握着设计课堂讨论活动和任务的主动权，而学生同伴在激发学习者作为彼此的教学资源方面拥有主动权，学习者则是管理和调节自己学习进程的主人。不管怎样，每个利益相关群体都要认真面对和思虑来自其他群体的信息输入，认真对待那些不同的甚至相互冲突的观点，对他们自己原有的知识结构进行有效的修改以调节差距，只有这样才有可能对学生的学习产生合力，使输出的信息变成学生发生深度学习的助推器。这意味着，评价主体要在自我和他者的评价中寻求统一。一方面，教师、同伴与家长在评价学习的过程中，应利用学习者的反馈信息反思自己的评价行为，使自我与他者在评价目标上实现一致；另一方面，学生依据学习目标在自评与他评之间找到平衡点，运用过滤后的评价信息管理自己的学习，明晰已达到的学习程度以及可能的改进方向，规划并实施后续学习。综合起来，评价主体多元的目的是通过自我与他者的学习信息分享、处理与再建构，促进学习者发生深度学习。

（三）评价融入教与学之中，实现信息转换

评价在教学和学习中扮演着至关重要的角色，无论是作为学习的评价还是为了学习的评价，都将评价纳入教学和学习的过程中，形成了一个循环圈。在这个循环圈中，评价不仅是教学和学习的辅助工具，还是促进教学信息向学习信息转化以及学习信息内部转换的催化剂。教师在传递教学信息的过程中，需要利用情境性的评价任务或活动，以及同伴评价，帮助学生最大限度地吸收教学信息，并将其加工成临时性的学习信息。

教师应通过设置具有检测功能的评价任务，如课后的纸笔练习、探究性项目等，促使教学信息进一步转换成评价任务。这些任务能够引导学生在学习过程中进行自我评价，不断反思和应用那些临时性的学习信息，最终将其内化为可以随时调用的知识，并纳入已有的知识结构或构建新的知识图谱。当学生未能达到深

度学习的要求时，这种反馈会促使师生进行反思、修正和调节，直至优化教与学的行为。

在这个过程中，教师所作出的评价是明线，学生及其同伴所作出的评价则是暗线。这两条线相辅相成，共同服务于教师的教和学生的学，使教学变得更加理性和具有德行。从这个意义上说，评价不仅实现了教学与学习信息之间的转换，而且解放了教与学。教师通过运用课堂评价，从过度教学中解脱出来，使教学变得有序、有效且具有道德意义。学生则借助课堂评价和教学，从被动学习和为考试而学中解放出来，使学习变得更加主动和充满生活意义。

为了实现这一目标，教师需要精心设计评价任务，确保它们与教学目标和学习目标相一致。这些任务应该能够激发学生的思考，鼓励他们积极参与，同时也要能够提供及时的反馈，帮助学生了解自己的学习进度和成就。同伴评价也是这一过程中不可或缺的一部分，它不仅能够提供额外的视角和反馈，还能够促进学生之间的交流和合作。

学生在自我评价的过程中，需要学会如何客观地评估自己的学习成果，识别自己的强项和弱点，并制订相应的改进计划。这种自我评价的能力是学生成为独立自主学习者的关键，它有助于学生在没有外部指导的情况下，继续他们的学习和发展。

评价的过程还应该鼓励学生进行深度学习，让学生的学习不是记忆和重复信息，而是一个理解、分析、评价和创造的过程。这种学习方式要求学生能够将新信息与已有知识相结合，形成更深层次的理解。为了支持深度学习，教师可以设计复杂的、开放性的问题和项目，让学生在解决实际问题的过程中，发展批判性思维和创新能力。

此外，评价还应该关注学生的个人发展和进步，而不仅仅是他们的成绩。这意味着评价应该关注学生的努力、参与度和个人成长，而不仅仅是他们的知识掌握程度。通过这种方式，评价可以激励学生持续努力，即使他们最初没有达到预期的学习目标。

评价、教学和学习构成了一个循环圈，在这个圈中，评价既是教学和学习的“脚手架”，也是催化剂。它促使教学信息转变为学习信息，以及学习信息的内部转换。教师和学生的评价在这个过程中相辅相成，共同服务于教学和学习，使教学变得有序、有效且具有道德意义，同时使学生的学习变得更加主动和充满生活意义。通过这种方式，评价不仅实现了教学与学习信息之间的转换，而且解放了教与学，使教育变得更加人性化和有意义。

三、深度学习的评价路径

（一）将评价活动融入教学设计

教师在开展评价之前，需要对课堂教学作出整体审视，突出评价促进教学信息向学习信息转换的杠杆作用，对评价活动进行专业设计，使之成为教学设计的重要组成部分，全景式地把握课堂评价促进深度学习过程。评价活动应该体现以下三个特征：一是指向深度学习目标。深度学习具有高认知的特点，关注学生对学习内容的理解或迁移，如举一反三、知识应用、分析材料、评价观点、创造作品等，与此匹配的评价活动应该是需要高阶思维才能解决的问题任务或项目，如表现性任务、开放性问题、探究性活动，那些只要求学生记住些什么或简单理解与应用的任务或活动就不属于此列。二是具有情境性。评价活动只有根植于学生的经验世界，“嵌入”环境之中，才能引起或激发深度学习。评价活动需要创设能够将学生的认知与生活世界联系起来的情境，如在语文小说专题阅读课上要求学生选择一个研究性阅读话题，完成一篇小论文，所设计的话题就要考虑将课文所学内容和学生的生活体验、日常观察结合起来。三是让学习过程“看得见”。影响学习有效性的元分析研究发现，指导、激活一系列行动和内容，并与学生一起工作，使学生的学习可见。评价活动作为师生行动，可以通过制订与运用师生共享的活动质量标准得以激活，师生依据标准开展自我评价、同伴评价与教师评价，呈现各个方面的学习表现及其过程。如上述提到的语文小论文，教师在布置任务的同时，提供一个判断论文质量优劣的表现标准，让学生带着标准进行创作，在后续的评价中逐渐展现学习过程与结果。这些评价活动贯穿学生的整个学习过程，不仅包括课堂上的评价任务，还涵盖课外作业或活动项目，如家庭作业、实践活动，与教学学习构成一个整体，避免教学设计与课外作业相分离，也就是围绕深度学习目标，将教学、学习和评价融入教学设计。

（二）运用多种方法收集深度学习的信息

评价预设落实的第一步就是利用评价方法收集表征深度学习的信息，即解决外在于学生的教学信息怎样通过评价变成学生自己的学习信息的问题。收集可以在自然状态下直接捕捉，如观察、记录学生发生学习的外显行为，主要还是设计相关活动引出所需要的信息。根据引出的信息及其技术的不同，大致可以将课堂评价方法分为五种：一是提问，关注认知与情感信息；二是课堂练习与课外作业，侧重认知与动作方面的信息；三是表现性评价，引出复杂的认知技能与情感态度方面的信息；四是档案袋评价，考查高阶思维方面的认知信息；五是课堂测验，检测各个层次的认知信息。这些评价方法不存在优劣，只要符合评价目的或者说适合学习目标就是好的。为满足深度学习目标以及引出深度学习信息的需要，那些旨在考查复杂认知技能与高阶思维以及情感态度的方法应该优先考虑，如开放性或者结构不合理的问题，就要比封闭性或者结构合理的问题，更适合引出深度学习是否发生的信息，因为后者重在收集学生的浅层学习信息。练习与作业以及测验亦是如此，在收集认知信息时，应注重应用以上认知水平的任务设计。同时，还要考虑所需信息与方法的匹配程度。例如：引出语文小论文的深度学习信息，表现性评价最合适；收集学生平时典型的错题，档案袋评价最佳。除匹配与适切外，当有多种选择时，还应当考虑经济便利。如果通过观察就能够获得所需信息，那么就不要提问；如果借助提问就能够获得所需信息，那么就不要测验。也就是说，方法的多样性体现在匹配的多样性上，这类信息用此种方法，那类信息用彼种方法，甚至用两种同样经济且匹配的方法采集同类信息，这样能够使信息变得真实而丰富。

（三）合情合理地反馈学习结果

通过评价方法收集到的深度学习信息，只有经由处理与反馈，才有可能使教学信息真正转变为学生自己的信息，反馈是由行动者（如教师、同伴、家长或者个人经验）提供的有关某人的表现或者理解的信息，也就是师生将深度学习信息转变为评价信息，从而呈现学生的学习成果。众多量化研究表明，反馈是对学业成就影响最有力的因素。从技术层面讲，最好的反馈是能根据目标和标准非常具体地、直接地揭示或细微地描述对表现者来说清晰的、可利用的实际结果。这主要表现在三种水平上：第一种是任务水平，对学生的任务完成情况及其行为表现进行反馈；第二种是过程水平，针对任务过程的反馈，关注学生在完成任务时所使用的方法以及个人与知识、个人与教育环境的关系，以及学生是否对学习内容具有深层次理解；第三种是自我调节水平，关注学生自我调节的反馈，激发学生主动参与的意愿，帮助他们进行学习策略的改善或自我评价。这三种水平的反馈层次逐级提升，从第一种水平直接告知学习结果与学习目标的差距，到第二种为学生的后续学习提供具体改善建议，再到第三种水平为学生的自我反思提供研判信息的标准，促成教学信息向学习信息的转换和深度学习的发生。在技术操作（即合理）过程中，还要认真思考反馈的伦理性问题，即要做到“合情”，能够无伤害并激励人。首先，不能对学生进行评价信息方面的个体间比较，不能因学习表现与理想目标的差距过大进行责备批评、讽刺或其他的言语与肢体歧视。其次，多一些建议，少一些批评。特别是要避免使用诸如“某某学科你是学不好”之类的导向性判断。再次，多一些鼓励，少一些表扬。因为表扬把注意力集中在个体能力上，如“做得很好”“你很棒”，而不是具体行为与事实上，使得“学生试图避免被卷入有挑战性作业的危险，只做最小的努力，并对失败怀有高度的恐惧感”。最后，鼓励学生积极回应教师的反馈，鼓励学生倾听和评论同伴给出的答案，并为此提供一种在公共场合发表言论的安全感。

（四）引导学生自我评价

未经过自我评价的反馈结果，就不可能有深度学习的高产出。自我评价是学生对自己学习的判断、反思和调控的过程，即学生基于标准对自己的学习过程作出判断，基于标准和监控过程中获得的内外部反馈进行学习的改进，以此实现自我调节学习。由反馈转变为学生的自我评价需要教师的启发与引导。从促进自我调节学习的角度考察，自我评价伴随整个教学、学习和评价过程，教师引导学生自我评价可以从目标入手，展开以下三方面重点工作。

第一，目标引领。学生自我评价的主要问题是，只有当学生对自己想要达成的学习目标有足够清晰的图景时，学生才能评价自身。让学生明确自己应该达到的深度学习目标，并与教师的理解保持一致，这中间教师的引领必不可少。一方面，教师利用教学设计或学案，与学生沟通或直接告知学习目标，以及达成目标的成功标准，让学生知道“我要到哪里去”“怎样才算实现目标”；另一方面，教师阶段性地督促学生明确学习目标及其实现路径，帮助学生分解与管理目标，记录自己在达成目标的旅程中所取得的进步，让学生知道“我怎么做才能到达那里”。

第二，规则分享。在目标的引领下，自我评价不是随意而为，需要有一定的规则才能展开基于目标的评价。所谓“评价规则”，就是判断学生反应、成果或表现质量的指南、标准或原则。具体来说，它是“将一个任务划分成若干个组成部分，并对每个组成部分的可接受或不可接受的表现水平进行详细的质量描述”。在制订这样的规则时，教师应该邀请学生参与进来，一起讨论与交流，让学生明白规则是怎么来的以及怎么用，如作文、小论文、实验报告、探究性项目等的评价规则研制。有了师生共享的评价规则，学生就可以运用这些规则，判断自己处于什么水平，反思自己在学习上存在的问题以及可改进之处，及时调整学习进程，朝着规则提示的更高水平前行。

第三，技术指导。这里的技术指导，主要是为学生反思、转换反馈结果提供一些实用的操作技巧，帮助学生建构新的自我认知。这些技巧包括三类：一是对比，将教师的反馈信息与自我感知的学习结果进行对照，采纳合理的改进建议。二是反思性行动，为缩小结果与目标的差距采取行动，在行动中反思所用的策略及其成果。比如集错题，先要判断什么样的错误是错题，然后寻找错误原因，再选择与此相关的题目进行巩固练习与迁移，同时监控自己在解题上的变化。三是平衡新旧认知，调用批判性思维解决行动中出现的旧知与新知的冲突，生成新的认知与自我结构。引导学生自我评价的最终目的是促使学生自主、自觉地开展自我评价，使之成为深度学习的一部分，又在评价中持续地推进深度学习。

四、深度学习的评价方式

深度学习的评价方式是指对深度学习进行评价时所采取的方法和手段。依据深度学习的特点，对深度学习进行评价的方法或手段应该是多元的、动态的，笔者认为有以下几种方法或手段可供参考。

（一）表现性评价

表现性评价在当前的评价改革实践中越来越受到重视。有些区域以政策文件的形式要求学校和教师加强表现性评价的实施，甚至规定在小学低年级期末考试中只能运用表现性评价。表现性评价能够检测学生的高阶思维及其运用知识去解决真实、有意义问题的能力，并在这个过程中促进学生获得这些能力。表现性评价是居于课程核心的、需要持久理解的目标，这些目标需要通过真实情景中的任务来落实并检测，传统的纸笔测验对此无能为力。正是因为表现性任务是真实世界中的任务，具有情境性、复杂性，评价的是复杂的学习结果，所以学生在完成任务时必须进行建构反应，而不是简单的选择反应。复杂的任务、建构性的反应，使得传统的二元对错评分无用武之地，反而需要基于评分规则的判断。因此，需要持久理解的目标、真实情境的任务和评分规则，就构成了表现性评价的基本要素。同时，表现性评价也为指向深度学习提供了要素保障。表现性评价指向深度学习，其关键是学生经历真实情景中的任务解决过程，并利用评分规则来引导和反思学习。它在真实情境中实施指向关键能力的任务，让学生面对真实的问题解决情境，综合运用已有的知识和经验来解决问题。就此而言，评价的过程实际上相当于一个学习过程。在这一学习过程中，学生能够全方位地展示自己的能力。众多的表现性评价还容纳了学生本身对学习的反思，更重要的是，学生能利用评分规则引导自己进行自我主导的学习，促进和改善表现。这主要体现在两个方面：一是表现性评价为学生阐明了期望他们达到的关键学习结果，二是提供了促进学习的描述性反馈信息。表现性评价指向深度学习，需要课程、教学与评价的统整设计与实施。零散的知识点教学往往仅限于孤立的一堂课或一篇课文的设计与实施中，而居于课程核心的、需要持久理解的那些目标往往是跨越课时、课堂甚至单元、模块、学期的。因此，我们要统整课程内容，明确某个教学单位的核心目标,并将其贯穿于整个教学过程中,而不是孤立地去看某个点。这就要求我们从大处着手，基于整体的视角，描述需要学生持久理解的大观念，基于大观念、大主题、大项目或大任务，从“课时教案”走向“主题/单元学习设计”“项目式学习设计”。在大观念的引领下，我们将表现性评价镶嵌在整体的课程设计与实施中，从而促进学生的深度学习，而不是仅仅停留在琐碎的、肤浅的学习结果上。这正是表现性评价的要义——指向深度学习。

（二）学习性评价

学习性评价是一种以促进学生学习为核心的评价方式。它强调评价活动应自然融入正常的教学过程中，评价所获得的信息旨在促进教学活动的进一步发展。学习性评价的核心目标是培养能够独立自主学习的学习者，这些学习者应具备一系列关键素质：能够主动学习，积极获取知识，独立规划学习路径，最好能够设定终身学习的目标，主动提升自身能力，并对自身的学习负责。

独立自主的学习者在他们的学习旅程中会不断地进行反思，通过自我评价来提高自己的学习能力。自我评价是一个内省的过程，它要求学习者审视和评估自己的学习行为、学习成果，从而识别自己的优势和不足，制订改进策略。然而，学习并非孤立发生，与他人的合作同样不可或缺。同伴评价作为学习性评价的重要组成部分，同伴作为旁观者，能够提供不同的视角，看到自己可能忽视的环节。自我评价与同伴评价的结合，能够更全面地促进学习，帮助学生从多个角度理解自己的学习状态，从而更有效地促进学习。

实施学习性评价的出发点不是激发学生之间的激烈竞争，而是关注每个学生个体的长期发展。在学习过程中，明确学习目标和确立达到学习标准是进行深度学习的基础。学习性评价不仅注重评价学习结果，还注重鼓励学生参与评价过程，了解学生的需求和期望，使学生成为课堂教学的主体。在教学和学习同时进行的过程中，可以根据具体的教学情境灵活采用不同的评价方法。

学习性评价强调教师的教与学生的学是一个动态发展的过程，教与学是相互依存、不可分割的。在这一过程中，积极反馈和不断改进是至关重要的。教师应根据学生的学习情况和反馈，及时调整教学策略和内容，以促进学生的学习，提升学习效果。这种评价方式要求教师具备高度的敏感性和适应性，能够根据学生的不同需求和反应，灵活地调整教学方法。

在实施学习性评价时，教师不仅是知识的传递者，还是学习过程的引导者和促进者。教师需要创设一个支持性和挑战性并存的学习环境，鼓励学生积极探索、勇于尝试，并在尝试中学习和成长。教师应通过观察、交流和反思，了解学生的学习状态，识别学生的学习需求，并以此提供个性化的指导和支持。

学习性评价还强调学生在学习过程中的主体性。学生不再是被动接受知识的容器，而是积极建构知识的主体。学生需要在学习过程中发挥主动性，积极参与学习活动，通过实践、探索和反思，构建自己的知识体系。这种主动性的发挥，有助于学生形成批判性思维和解决问题的能力，为未来的学习和生活打下坚实的基础。

此外，学习性评价还关注学生的情感和态度。学习不仅需要积累知识，还需要培养情感和态度。一个积极的学习态度和健康的情感状态，对于学生的学习和发展至关重要。学习性评价应关注学生的情感变化，鼓励学生保持积极的学习态度，培养他们的自信心和自我效能感。

学习性评价是一种以学生学习为中心的评价方式，它强调评价活动应与教学过程紧密结合，通过评价促进学生的学习和发展。这种评价方式要求教师和学生都积极地参与评价过程，通过自我评价、同伴评价和教师评价，全面促进学生的学习。学习性评价不仅关注学习结果，而且注重学习过程，强调教师和学生的互动和反馈，以及学生的情感和态度。通过实施学习性评价，教师可以培养出更多独立自主、具有终身学习能力的学生。

（三）即时性评价

课堂即时评价是教育过程中的一个重要环节，它指的是教师在教学活动中，针对学生在课堂上的学习态度、方法和效果等方面进行的即兴点评。这种评价方式有即时性、对话性、目标性和高效性等特征，对学生的后继学习起到关键的反馈、激励、调控和导向作用。

即时性是课堂即时评价最为显著的特点之一。它要求教师能够迅速回应学生的课堂表现，即时地对学生的行为和学习成果进行价值判断，并给予相应的反馈。这种评价方式具有即时性，不仅能够让学生立刻了解自己的表现，还能够让学生及时调整自己的学习策略，从而更有效地促进学习。

为了有效地进行即时性评价，教师需要具备四种意识：教学目标意识、教学批判意识、教学资源意识和教学发展意识。教学目标意识要求教师明确教学目标，确保评价与教学目标相一致；教学批判意识使教师能够批判性地看待学生的表现，提供建设性的反馈；教学资源意识让教师能够充分利用课堂资源，包括学生的回答、互动等，作为评价的依据；教学发展意识则要求教师关注学生的发展，评价不仅要关注当前的表现，还要考虑学生的长远发展。

即时性评价能够引导学生进行深度思考，这是促进深度学习发生的关键。在合作探究过程中，即时性评价可以促进学生对知识和方法的深度思考和建构；在实践过程中，它可以帮助学生从具体实例中抽象出一般规律，进行深度思考；在反思性过程中，即时性评价能够引导学生回顾经验和教训，进行深入的自我反思；在应用过程中，它能够促使学生思考如何将所学知识应用到实际情境中，进行流程的深度思考。

即时性评价在整个教学过程中都扮演着不可或缺的角色。它既能够即时反馈学生学习行为，也能够即时肯定学生学习成果或指正学生学习中的问题。这种评价方式能够激发学生的学习兴趣，增强学生的自信心，同时也能够及时调整教学策略，使教学更加符合学生的实际需要。

实施即时性评价要求教师需要具备敏锐的观察力和快速的反应能力。他们需要在课堂上密切关注学生的一举一动，包括学生的发言、互动、表情和肢体语言等，这些都是评价的重要依据。教师的评价应该是具体、明确和有针对性的，既要表扬学生的优点，也要指出需要改进的地方。

此外，即时性评价还应该具有对话性，即评价过程是一个双向互动的过程。教师的评价应该能够引发学生的思考和反馈，而不是单向的灌输。通过对话，教师可以更好地了解学生的想法，学生也可以更深入地理解教师的评价意图。

目标性是即时性评价的另一个重要特征。评价应该围绕教学目标进行，确保评价的内容和方式与教学目标相匹配。这样，评价不仅能够促进学生对教学内容的理解和掌握，还能够引导学生朝着教学目标前进。

高效性则意味着即时性评价需要在有限的课堂时间内发挥最大的作用。教师需要在短时间内作出准确的评价，这要求教师具备高度的专业素养和丰富的教学经验。

课堂即时评价是一种重要的教学策略，它通过即时的反馈和激励，促进学生的深度学习和全面发展。教师在实施即时性评价时，需要具备相应的意识和能力，确保评价的有效性和针对性。通过即时性评价，教师可以更好地引导学生进行深度思考，促进学生的深度学习，从而提高教学质量和学生的学习效果。

（四）发展性评价

发展性评价是一种教育评价方式，它通过系统地收集和分析评价信息，对评价者和评价对象双方的教育活动进行价值判断，促使双方共同商定发展目标，以促进被评价者不断地发展。发展性评价不是简单的知识测试，而是更加注重评价对象的全面发展和进步的评价方式。它要求评价者和被评价者共同参与，形成一个互动的过程，旨在实现教育活动的持续改进和提升。

课堂评价是发展性评价的一个重要组成部分，它与课堂教学紧密相连，但又不应局限于课堂本身。评价结果应当被视为一个重要的参数，被纳入学生的成长档案和教师的教学手册。通过定期的整理和反思总结，课堂评价能够发挥其在促进学生发展、提高教师教学能力和改进教学效果方面的作用。

实施发展性评价依赖于过程性评价和诊断性评价所提供的资料和数据信息。它通过建立跟踪反馈和反思机制，使得教师评价、学生自我评价、学生之间的相互评价以及小组之间的相互评价成为可能。这种多角度、综合性的评价方式，有助于实现教学评价的一体化，从而更全面地了解学生的学习情况和教师的教学效果。

在课堂上，学习评价往往是瞬时的、即兴的，关注的是学生当前的行为表现，其效应也多是短期的。然而，为了实现评价的长期效应，我们需要将学生的课堂表现作为一种学习成果，并将其与阶段评价、学期评价相结合。通过这种方式，我们可以将课堂内外的评价有机地结合起来，不孤立任何一种评价形式，从而建立一个完整的、科学的评价体系。这样的评价体系能够让学生在课堂评价中获得的即时反馈转化为长期的学习动力，为他们的长效发展服务。

为了实现这一目标，教师必须定期进行反思总结。通过课堂反思，教师可以帮助学生回忆课堂上的精彩瞬间、分析课堂上的不足之处，积累学习经验，并激发学生再次努力的信心。同时，这种反思也引导学生找到努力的方向，明确自己的学习目标，从而在不断的自我提升中实现个人的成长和发展。

发展性评价的实施，要求教师不仅要关注学生的知识掌握情况，还要关注他们的情感、态度、价值观等非智力因素。这种评价方式强调的是评价对象的全面发展，而不仅仅是学术成就。通过发展性评价，教师可以更好地了解学生的个性特点和发展潜力，为他们提供更加个性化的教育支持。

此外，发展性评价还强调教师的专业发展。教师通过参与评价过程，可以更深入地了解自己的教学方法和效果，从而不断调整和改进教学策略。这种自我反思和自我提升的过程，有助于教师提高自身的教学能力，实现教学的持续改进。

总之，发展性评价是一种全面的、动态的评价方式，它不仅关注学生的即时表现，还注重学生的长期发展。系统地收集和分析评价信息，建立跟踪反馈和反思机制，可以促进学生和教师的共同发展，实现教育活动的持续改进和提升。这种评价方式的实施，需要教师不断地进行课堂反思和总结，以确保评价结果能够真正地服务于学生的成长和发展。

第二章　语文教育教学方法基本理论

第一节　语文教育教学的内涵和特点

一、语文学科的内涵

（一）语文学科的性质

语文学科的性质是什么？对于这个问题，长期以来没有定论。有一性说，即语文学科是工具性学科；有两性说，语文学科既有工具性，又有思想性；有三性说，认为语文除了工具性、思想性，语文学科还有文学性；还有多性说，认为语文学科具有工具性、思想性、实践性、综合性等。还有把语文学科的性质分为工具性、基础性、思想性等基本性质和文学性、知识性、社会性等从属性质两个层次。其中，只有两点是比较一致的，即语文学科的工具性和思想性。①

什么叫语文？平常说的话叫口头语言，写到纸面上叫书面语言。语就是口头语言，文就是书面语言。把口头语言和书面语言连在一起说，就叫语文。这个名称是从 1949 年开始使用的。中华人民共和国成立以前，这个学科的名称，在小学叫“国语”，中学叫“国文”，中华人民共和国成立以后才统称“语文”。

语文 = 语 + 文 = 口头语言 + 书面语言 =（口头 + 书面）语言，也就是说，语文是广义的语言。语言是人类最重要的交际工具。语言是工具、武器，人们利用它来互相交际、交流思想，达到互相了解。上述论证揭示了语文的本质意义，同时也证明，工具性是语文学科的本质属性。语文虽然是工具，但却并非从事物质生产的工具，而是一种表情达意的工具；语文本身虽无阶级性，但一经人们使用，它就被赋予了思想情感。语言是思想的直接现实，是思想的物质外壳，是思想和

① 陈雅惠．语文教学与书法教育同步协调的方法探析 [J]. 课程教材教学研究（上半月刊），2024（8）：42−44.

思维活动的物化。更何况语文教材中的内容大多是古今中外脍炙人口的名家名篇，强烈的思想情感自然流露，跃然纸上。由此可见，思想性是语文学科的显著特点。

因此，语文学科是以工具性为本质属性、以思想性为显著特点，工具性和思想性相辅相成、辩证统一的基础学科。若能正确把握这一性质，语文教学设计就必然注意到：既然语文具有工具性，就应当培养学生掌握并运用这一工具的能力，即理解语文和运用语文的能力，也就是听说读写的能力；既然语文具有思想性，就应当因势利导、水乳交融地对学生进行思想教育和美感熏陶。

（二）语文教学的目的

教育是有目的的行为，是教育者有计划地对受教育者施加影响的过程。语文教学目的是语文教学的缘起和归宿。语文教学的全部过程、所有层面和一切工作都要服从并服务于语文教学目的的实现。语文教学的目的主要是由语文学科的性质以及总体教育目的和社会发展需求所决定的。语文学科的工具性要求语文教学加强基础知识教学和基本技能训练，语文学科的思想性要求语文教学加强学生的思想品德培养，语文学科的科学化和现代化要求语文教学加强智力开发。双基教学、品德培养和智能开发三要素的有机组合，构成语文教学三维结构的整体。当然，不同社会形态和不同历史时期对语文功能有不同的要求，对语文教学的目的也就有不同的表述。

（三）语文教学的原则

语文教学原则从语文教学实践中概括出来，又反过来指导语文教学实践的理论，是语文教学中最主要、最本质的内在规律的集中体现，是语文教师处理教材、组织教学必须遵循的法度和准则。

1. 语文“习得性”教学原则

语言学家认为，语文中的语言与言语是不同的两个概念。语言是言语的总结和系统化，是由语音、词汇和语法等部分构成的理论体系。言语是个体在特定情境中为完成特定的交际任务而使用的语言。换句话说，言语是人们掌握和运用的语言。

语文教学就是语言和言语的教学。语文课既向学生传授语言知识（如语音、词汇、文字、语法、修辞、逻辑等方面的基础知识），又发展学生的言语（口头言语和书面语言）能力。言语能力即学生的朗读、默读、复述、背诵、看图说话、对话、发言演讲、写话、作文等方面的实际操作语言的能力。而这种言语能力的培养主要靠实践、训练习得。这就是语文教学首先遵循“习得性”原则的原因所在。语文“习得性”原则在语文教学中具体表现在语文听、说、读、写能力的训练上。由于听、说、读、写能力的整体性、互补性特点，在语文教学中，我们除了应对学生进行单项训练外，还应对学生进行听、说、读、写能力的综合训练。读写、说写、听说、听写、听读、读说、听说读写等相结合训练，以求达到学生“习得”言语的目的。语文教学“习得性”原则是符合教育家奥苏贝尔“有意义言语学习”理论和教育家布卢姆“掌握式学习”理论的。奥苏贝尔认为，学生通过“有意义言语”的习得，然后保持、内化，同时就可以输出。这一心理学的分析揭示了言语“习得性”的规律，为我们语文课“习得性”原则提供了心理学、生理学上的依据。布卢姆认为学习是学习过程，教学是教学生学，通过树立目标、群体教学，评价、矫正，学生就可以掌握学习。这一理论强调的是学习的实践性。训练性，重过程、重掌握，为语文“为会使用母语而教”的目标教学提供了很好的理论佐证。总之，教学是教学生学会学习。把教学的重心放在学生“会学”上，才是现代教学。语文教学是教学生学会言语使用，把教学重心放在学生“会言语”上，才是现代语文教学。皮特·科德说得好：“我们应当做的是教人们一种语言，而不教给他们关于语言的知识。”“我们要培养的是使用语言的人而不是语言学家，是能‘用这种语言讲话’的人而不是‘谈论这种语言’的人。”这是语文教学的实质，是语文教学的方向，每个语文教师都不能忘记！这是我们应该树立的新观念。

语文“习得性”原则还要求语文教师必需十分重视学生语感的培养。语感就是社会的人对语言的感觉，就是在视听条件下不假思索地从感知语音、字形而立刻理解语音、字形所表示的意义的能力。这种能力当然是靠实践训练习得的。

2. 语文“开放性”教学原则

20 世纪 80 年代中期，河北特级教师张孝纯提出了“大语文教育”主张，并进行了长达 10 年的教改实验。他在《一条广阔的语文教改之路》中阐述了他“大语文教育”的构想。他认为，语文教学应是“一体两翼”的，“一体”即课堂教学主体，“两翼”即配合主体的语文课外活动和家庭、社会生活的语文学习。这一思想符合语文学科的社会性、生活性的特点。教育家科勒翟克说：“语文学习的外延与生活的外延相等。”这一句话说明了一个道理：语文教学对象是处在生活网络上的学生，语文教学的内容是存在于生活网络上的活生生的言语，语文教学的目的是教会学生正确理解和使用生活言语。因此，语文教学与其他学科就有本质的区别，它除了学校课堂的教学外，更应走向广阔的社会生活，充分利用一切有利的语言环境、言语生态来训练学生的语文能力。语文教学“开放性”原则要求语文教师更加重视语文的课外活动、语文的课外阅读。不仅如此，语文教师还要有目的、有计划、有针对性地开设“语文活动课”，促进学生学会言语，使用言语，让学生走向生活、走向社会、走向自然、走向心灵，做生活的主人。在贯彻这一原则时，要注意以下三点：一要“得法于课内，受益于课外”，教学生学习方法，培养自学能力，养成良好的语文习惯；二要体现语文学习“多师性”“随时性”“随地性”“终身性”的特点，走开放性、长期性的语文教学道路；三要引导、教育学生从我做起，共同创造良好的语言环境，与那些不文明的语言现象做斗争。

3. 语文“创新性”教学原则

语文创新性原则是指在语文教学中教师要充分利用教材调动学生的积极性、主动性，开动脑筋发现、分析、解决教学中的新问题，培养创新性思维的教学原则。这一教学原则提出的依据是：第一，语文学科思维性特点及语文学科“开发智力”的教学任务。第二，素质教育的需要。21 世纪素质教育实施的核心是创新教育。“为创新面教”已成为学校的主要目标。第三，社会发展的要求。当今世界，科学技术突飞猛进，知识经济方兴未艾，竞争日趋激烈。时代呼唤创新人才，培养创新人才靠创新教育。

语文创新性教学的主要目标是培养富有创新思维的人才。创新思维就是创造过程中的思维活动。它包括发现新事物、揭示新规律、创造新方法、建立新理论、解决新问题、获得新成果等思维过程。语文教学的新方法、新模式、新观点、新措施、新角度都是创新教育。

创新性教学原则还要求语文教师尊重学生学习的主体地位，让学生积极主动地思维，形成一种主动适应、开放多样、向前发展的教学新局面。《全日制中学语文教学大纲》指出：要激发学生学习语文的兴趣，调动学习的积极性和主动性，反对注入式，提倡启发式。通过多种方式，引导学生积极思考，鼓励他们进行创造性思维活动，让他们自己动脑、动口、动手，在学习语文的实践中，自觉提高认识，获取知识，增强能力、发展智力。这为我们进行创新教学指明了方向。

教育家斯普朗格说：“教育的最终目的不是传授已有的东西，而是把人的创造力量诱导来……这才是语文教学的真正意义。”

如何实施这一原则呢？笔者认为，语文教学要做到：第一，尊重学生的主体地位，发挥教师的主导作用。第二，培养学生求异求新求优意识。第三，启发诱导，鼓励学生积极探索。第四，因材施教，扬长避短，发展个性。第五，引导学生在创造实践活动中学习创新，强调学生多动脑、动口、动手。

4. 语文“审美化”教学原则

语文审美化教学原则也称“语文艺术化”教学原则，是指施教者按一定时代的审美意识，充分发掘施教媒介的审美因素，向受教者施加审美影响，从而开启其内在情智的一种教学原则。

它的要求与传统的科学只重视“传道、授业、解惑”有着明显的区别。因为传统的语文教学是注重认知规律的教学，因而平淡枯燥，缺乏情趣。审美化的语文教学是现代语文教学鲜明的特点，它不仅重视认知规律，而且重视美学规律，按美学原理、艺术原则从事语文教学，比传统语文教学更加富有形象性、感染性、愉悦性、和谐性、新奇性和情趣性。学生在课堂上得到的不仅仅是知识，还能拥有更直接、更深刻的震惊感、倾慕感、景仰感、欣慰感、荣誉感等各种美的感受。

审美化的语文教学原则要求语文教师尽可能发掘教学媒介，主要发掘教材中的自然美、科学美、社会美、艺术美，努力提高学生感知美、理解美、评价美、欣赏美、创造美的能力，从而塑造学生美的心灵，培养学生的涵养和对美的人生境界的追求。

语文审美化教学作为一大原则，它指导着语文教学的各个方面。一方面，审美教育是语文教学的目的之一，语文教学要尽可能让学生身心得到愉悦，情操得到陶冶，心灵得到净化，从而增强发现美、欣赏美、创造美的能力；另一方面，审美教育作为手段，贯彻于整个语文教学的进程，施教者以美的语言、美的形式在课堂上发现美，引导学生感知美、理解美、评价美，在学生主动参与、情感愉悦的同时掌握知识、培养能力、发展智力。语文教育家阎立钦说得好：“教育是科学，也是艺术。教育理论若不包括美育的研究，就是不完备的理论。语文学科教育缺乏美的教育，将是贫乏的教育。”

5. 语文“个性化”教学原则

21 世纪是一个“知识化时代”和“学习化时代”。为了适应这个时代，教育工作者的重点不应再是教给学习者固定的知识，而应转向塑造学习者新型的自由人格。学校教育的根本任务是培养个性化的主体，培养独特的，独立的个体，身心和谐统一的个体。在这一背景下，我们提出了语文个性化的教学原则。

我国目前正轰轰烈烈地推行素质教育。素质教育是针对升学教育提出的教学理念。它要彻底突破升学主义的束缚，在人人成功的教育原则下，主张多价值教育；根据每个学生的特点、性格、兴趣爱好、需要、天赋等来培养和发展学生。语文教学是实行素质教育的主要途径。因此。语文教学必须走个性化的道路。语文个性化教学原则有两层含义：其一，语文的教学要尊重受教育者的个性，挖掘教材的“个性”“人格”等因素，对学生因材施教，培养学生独立的人格。邓志伟先生说：“个性化的目的是实现自由的人格。”这便道出了个性化教学原则的宗旨。其二，语文教学个性化还表现在语文教师教学艺术的个性化，即语文教学积极追求教学风格的多样化，形成不同的风格流派。风格的形成是教师成熟的标志，流派的产生是教育繁荣的征兆。我们倡导语文教学的风格化、个性化。目前，我国出现以钱梦龙为代表的“导读派”、以魏书生为代表的“自学派”、以于漪为代表的“情感派”、以陆继格为代表的“得派”、以段力佩为代表的“茶馆派”等是语文教学流派，是语文教学个性化的典型例子。

教育学家赫尔巴特指出：“一切教育的起步在于个性，终点在于德行。”《统一劳动学校基本原则》也指出：“社会主义的教育原则是要把努力培养集体意识同灵活的个别化结合起来，最终做到，每个人都以能发挥自己的一切才能为整体服务而感到自豪。”可见个性教育的重要意义。

个性化教学原则要求教师必须尊重个体发展的特征，服从个体身心变化的发展规律，借文质皆美的课文塑造富有个性的人格。这一原则还要求语文教师走自己的路，创造富有自己独特风格的教学方法，形成自己的个性化教学风格。

（四）语文教学的活动对象

教育是人的活动。人不仅是生产力中最基本最活跃的一个因素，而且是教育结构中最本质最活跃的一个因素。教学过程是师生双边活动的过程。无论是作为施教者的教师，还是作为受教者的学生，都是教育教学活动的主体。

教学就是教学生学。学生在语文教学过程中是认识和发展的主体。教会学生学习是语文教学的出发点和落脚点。如何教学生学？教学方法从何而来？何时需要引导？如何进行启发？这就需要了解学生、熟悉学生，以期充分调动学生学习语文的积极性、主动性、自觉性和创造性。

二、语文教育的特点

对语文教育的特点，从不同的角度可以有不同的认识。《语文课程标准》在“基本理念”部分主要强调了以下三个方面。

（一）语文教育的人文性

语文属于人文学科，它与数学、物理、化学、生物等自然学科不同。自然科学的学科可以由原理、公式、定理、法则等组成。这些原理、公式、定理、法则是人们对客观世界的认识，具有客观真理性，语文则不同。一方面，语文是对人们精神领域起作用，而且对人们精神领域的影响又是深远的；另一方面，许多语文材料本身就是多义的，具有丰富的内容和很强的启发性，人们对语文材料的反应往往也是多元的。

重视语文的熏陶感染作用。语文教育应通过优秀作品的浸染，感化人的性情，提高人的人格和道德水准。语文对人的影响是深广的，有时是隐性的、长期的、潜移默化的，短时期不容易看出来，因而不能指望立竿见影，不能急功近利。如果像理科学习那样，围绕知识点、能力点做大量的练习，难以让学生领悟语文丰富的人文内涵。注意教学内容的价值取向。学生学习语文，接触大量语文材料的过程也是一个文化建构的过程。语文对人的影响往往是终生的，其影响之深广不可低估。语文课程应该从对人的发展负责、对国家未来负责的高度来选择教学的内容。

尊重学生的独特体验。学生的多元反应是正常的，也是非常珍贵的。尊重学生在语文学习过程中的独特体验，是对学生的尊重和鼓励，也是对真理的尊重。这是由语文的特点所决定的。

（二）语文教育的实践性

在人文学科中，语文与历史等学科也有所不同。历史由大量的史实和历史观构成历史知识，而语文课程却具有很强的实践性。阅读与表达本身既是一种实践行为，又体现了实践能力。语文实践能力包括识字、写字、阅读、写作、口语交际、搜集处理信息的能力以及良好的语感等。

重视学生的语文实践活动，在语文实践中培养语文实践能力。靠传授阅读的知识来培养阅读能力，不如让学生多读书；学生虽然记住了一整套完整的写作知识，但没有写作的实践，也难以形成写作的能力；学生虽然背诵了许多语法规则，但没有在大量的语言实践中形成良好的语感，还是说不好话。这些都是很浅显的道理。知识没有实践的环节是难以转化为能力的。因此，语文实践能力应主要在语文实践中培养，而不能片面强调“知识为先导”。

义务教育阶段的语文教育不宜刻意追求语文知识的系统和完整。语文知识是需要的，但是对于诸如语法修辞之类的知识不必讲授过多，也不必追求系统和完整。这一时期学生还处于感性时期，应该让学生多接触感性材料。参加感性的实践活动，在实践中提高实践能力，把握语文规律。

语文课程要注意学习的生活化。这是与实践性联系在一起的。语文是母语课程，它与外语不同。学生进校前都有一定的语言基础，因而，不必从零开始，花很多力气去记忆大量的词汇，掌握语法的规则。学生生活在母语环境中，处处都是语文学习的资源，时时都有学习语文的机会。正如《语文课程标准》所说:“学习资源和实践机会无处不在，无时不有。”因而，教师应该引导充分利用这些资源，在生活中学习语文，运用语文，在大量实践中接触大量的语文材料，丰富语言积累，形成良好的语感，培养阅读与表达的能力。语文学习强调日常生活中的习得，强调日积月累。尤其是在高中阶段，更要注重语文应用、审美和探究能力的培养。这是实践性的深化，可以更好地促进学生均衡而有个性地发展。

（三）语文教育的民族性

语文课程应该考虑汉语言文字的特点，考虑这些特点对识字、阅读、写作、口语交际和思维发展等方面的影响。

汉语特别具有个性，它是具象的、灵活的、富有弹性的，可创造的空间特别大。汉语没有多少强制的规矩，应该说，它是一种真正从人的思维与表达的需要出发的以人为本的语言。这种语言宜在模糊中求准确，用西方语言的条条框框来分析汉语实在是勉为其难。所以，在传统的汉语教学中词类讲虚实二分，句法重语序，修辞讲比兴二法。

汉语的文化性也特别强，尤其是它的词汇和词组系统具有非常深厚的文化底蕴。与这些相联系，我国文学以抒情性强而著称于世。中国的诗歌代表了中国的艺术精神，可以说，中国的文化就是诗性的文化。

中国语文重视积累、感悟、熏陶和语感，提倡多读多写。学生在学习时应该克服浮躁焦虑的心态，不能急功近利，不能期望立竿见影。此外，还要重视培养整体把握的能力。

三、语文教学的过程

（一）语文教学过程的内涵

语文教学是一个系统，它的各个子系统、各个要素相互联系、相互制约，形成纵横交错的坐标式网络。系统中的各种关系不是孤立的、静止的、杂乱的，而是联系的、动态的、有序的，是按照一定的内在规律发展变化的。语文教学过程就是其中的一个子系统。它以教学目标、内容、形式和方法等为横轴，以教学阶段、环节、步骤等为纵轴，构成纵横交错的坐标系。不同单元、不同课题、不同课时的教学过程，犹如在这种平面直角坐标系中形成一个个不同形态、不同规模的象限。教学过程，也称为教学程序（教程），或教学流程。不同的语词表达相同的概念，都具有教学的进程、历程、经过、推进与演变等内涵。它反映了教学发展的各个阶段、各个环节之间的紧密联系，同时指示了各个阶段、各个环节相对独立并且有规律地交替和推进。

第一个明确地提出完整的教学程序的理论和方案的是赫尔巴特。他在 19 世纪上半叶，通过对儿童心理活动规律的探究，认为学生在教学过程中的一切心理活动都是观念的运动，提出教学程序要经过四个阶段。第一阶段，明了。主要由教师讲授新知识，并运用直观性原则，集中学生的注意力，使他们专心致志地学习，正确理解所学内容。第二阶段，联合（联想）。运用谈话的方式，使学生把新学知识同他们已有的知识和经验联系起来，促进新旧知识的同化，深入理解所学知识。第三阶段，系统（概括）。指导学生深入探究和理解，对所学知识进行整理和贯通，使之系统化，寻求规律，归纳出原则或概念，得出结论。第四阶段，方法。指导学生独立思考，运用所学的系统知识进行练习或作业。赫尔巴特运用心理学来阐释教学过程，认为教学过程中“明了—联合—系统—方法”四个阶段，同儿童获得知识的心理过程中“注意—期待—探究—行动”这样几种心态是一致的。这种教学程序的理论后来风行欧美，盛行 50 余年，形成“赫尔巴特学派”。赫尔巴特被公认为教学过程理论的首创者，是近现代教育史上传统教育学派的开山鼻祖。

（二）语文教学过程的特征

语文教学过程是教师根据语文教学的目的要求和学生身心发展的特点，引导学生有目的、有计划地学习语文知识、培养语文能力、开发智力、陶冶情操、完善人格的过程。从系统科学的观点来看，语文教学过程是由教师、学生，语文教学内容和语文教学手段等要素构成的动态系统，缺少其中任何一个要素都不能构成语文教学过程的系统。

语文教学过程具有明显的多层次性和复合性。从认识论、课程论、学生论、教师论等多视角，可以将它的本质特征归纳如下。

1. 语文教学过程是一种特殊形态的认识过程

语文教学过程首先是一个师生双边活动的认识过程。辩证唯物主义的认识论认为，认识从实践开始，经由“实践—认识—再实践—再认识”的过程，循环往复，螺旋上升，从必然王国走向自由王国。在语文教学过程中，教师的教既是一种教学语文的实践，又是一种对语文教学规律的认识；学生的学既是一种学习语文的实践，又是一种对语文知识和能力的认识，符合辩证唯物主义认识论的一般规律。同时，语文教学过程又是一种特殊的认识过程。

其一，它是有目的的认识过程。语文教学过程是在有经验的教师的组织下，按照既定目的在特定教学制度和教学形式规范之下，有计划地引导学生主动完成的。这种认识，缩短了摸索的距离，速度快，效率高。学生学习语文知识，不必再像前人认识语文规律那样去长期搜索，而是在老师的指导下，通过语文教材，以十倍、百倍、千倍的速度超越前人。

其二，它的实践具有一定的间接性。一般对事物的认识，大多事必躬亲，身体力行。而语文学习，主要是学习书本知识、间接知识，并非都是直接经验。一切真知都是从直接经验发源的。但人不能事事直接经验，事实上多数的知识都是间接经验的东西，这就是一切古代和外域的知识。一个人的知识，不外乎直接经验的和间接经验的这两部分。因此，就知识的总体来说，无论何种知识都是不能离开直接经验的。

2. 语文教学过程是具有专业特点的教学过程

首先，语文课是口头语言和书面语言的合称。其次，文学是语言的艺术，文章借语言而表现。教学时，教师要使学生通过诵读课文受到形象感染，进而分析欣赏，认识形象的社会意义和现实意义。学习一般文章，同样必须符合文章学、文体学教学的规律，记叙文、说明文、议论文、应用文各有不同的教法，不能千篇一律、公式化、刻板化。最后，语文是具有工具性和思想性的基础学科。语文教学过程要体现学科特点。既然是工具，就要练习运用，因此教学中必须强调听说读写训练；既然有思想性，就要进行思想熏陶、审美教育，以此净化和美化学生的心灵。这样，双基训练和思想教育就能够紧密结合起来。

3. 语文教学过程是促进学生发展的教育过程

语文教学过程还是使学生身心得到全面培养和发展的教育过程。语文是学校的一门主课，开设时间最长，课时最多，内容相当丰富，使学生受到的教育也最多最深。一方面，语文课是语言课，而语言与人的心理发展密切相关。听说读写的各种语言训练，可以从各个层面开发学生的记忆力、观察力、联想力、想象力以及具体的和抽象的思维力等；另一方面，语文课里丰富多彩的知识教育、情感教育（审美教育）和品德教育，将使学生各种心理过程以及个性心理特征和行为习惯得到相应的培养和发展，产生以认知为基础，知、情、意、行全面发展的效应。

4. 语文教学过程是促使教师自我提高的过程

教师在语文教学过程中起着主导作用，引导学生积极主动学习，并在教书育人中自我提高和自我完善，不断获得新知识，提高认识能力，锻炼育人本领。

5. 语文教学过程是语文教学信息的传输过程

凡是有序的符号系列都可以承载信息。以语文教科书为主的语文教学内容是教学信息的重要载体。

6. 语文教学过程是一个错综复杂的动态过程

语文教学过程既是一个连续不断的思维流程，又是一个错综复杂的结构系统，表现为一种纵横交错的动态结构。它既有共同性，又有差异性；既有连续性，又有阶段性。整个语文教学过程是一个连续的教学流程，而其中又可以分为许多不同的教学阶段。它既有独立性，又有渗透性。教学阶段是相对独立的，而各个教学阶段之间，在教学内容和形式上又可能有交叉渗透。

第二节　语文教育教学的基本理念

一、语文教育的人文关怀

语文教育要促进个体的身心和谐发展，要使个体的发展过程获得精神上的价值和人生上的意义。也就是说，个体通过在语言上的学习和训练，文学上的熏陶和习染，不仅要获得各种知识和技能，而且要体验到各种深刻的人类情感，唤起自身的主体意识，从而追问人生的意义，探询人生的道路，形成独特的人生态度，我们把语文教育的这种功能称之为语文教育的人文关怀。①

语文教育目标是整个基础教育目标的有机组成部分，对于培养德、智、体、美、劳全面发展的社会主义建设者和接班人具有重要的导向作用。语文作为一种兼具人文性和工具性的综合性学科，在人的发展过程中起着决定性作用。同其他学科相比，语文教育除要完成一般学科必须共同承担的智育任务之外，还要密切关注审美教育、人生观教育与人格教育，并以此作为自己的最高价值追求。语文学科这种人文关怀的功能既是标示其学科独特性的根本要素，也是语文教育目标的最高追求。语文教育的人文关怀功能一方面取决于对语文学科性质的深刻洞察，另一方面又取决于对人的最终发展目标的深刻认识。人的发展的最高境界是精神上的自由和解放、人格上的完善与独立，而所有为此目的所进行的知识的学习、技能的训练、能力的获得及社会生活的实践等工具性行为都必须服从这一最高目的。要实现人作为发展手段的工具价值到作为发展目的的精神价值的飞跃，必须通过人文教育的洗礼。在现行基础教育体制中，语文教育只有自觉地承担起人文教育这一历史使命，把人文教育贯穿于整个语文教育过程中，关注人的精神世界的构建和人格的养成，才能为人的全面发展开辟道路。

（一）语文教育的人文精神价值

人文精神不是徜徉流溢在语文教育本体之外的美丽动人的幻影，而是发自语文文本之中的人性之光。它之所以飘忽不定，难以捉摸，是因为它只对那些敏感睿智、关注内心精神生活的心灵展现自己的魅力。它之所以至刚至大、吐纳宇宙，是因为它超然于万物之上，寄身于纯真、至善、完美之境。

语文教育的人文价值，从静态的文本分析来看，文学与人生的关系是它的集中体现。

文学把人的精神不断地引向光明和崇高，是文学在维护着人类那脆弱的社会良知和道德心，也是文学在不断地拓展着感性人生的丰富性与多元性，捍卫着人类理性的尊严和纯洁。因此，语文教育一定要重视文学作品的人文教育价值，把

① 王奎斌．语文课堂教学开展传统文化教育刍议 [J]. 成才之路，2024（36）：109-112.

语文教育从工具中心论中解救出来，还其人文教育的本来面目。

语文教育的人文价值，从动态的教学过程来看，其人文性主要体现在师生关系的民主性、文本解读的多元性、写作训练的生活化上。只有以民主化的师生关系作为教学的前提，才能充分激发调动师生两方面的积极性，使语文教学充满生命的张力，从而对文本展开开放性、多元化、个性化的阐释，释放出文学作品中深层的人性力量，引发情感上的共鸣，启迪思想上的解悟。

（二）语文教育目标的人文追求

语文教育为人文精神之载体。语文教育目标是一个有机的整体，按现在比较流行的观点来看，它由德育目标、智育目标和美育目标三部分构成，而这三个目标之内又有更细致的分目标。人文关怀同它们之间是一种什么关系呢？这是我们应该解决的根本性问题。

人文关怀作为语文教育的最高目标，它不等同于技术操作层面的教学要求，而是着眼于语文教育根本性的价值导向。也就是说，人文关怀与现行的语文教育目标体系不属于同一层面的问题。人文关怀植根于语文教育本体论，现行的语文教育目标体系立足于语文教育方法论，前者制约语文教育的根本价值取向，后者决定语文教育实践的进程与开展。因此，人文关怀不可能以技术化、操作化的方式单独地起作用，它只能以精神导引的方式进入语文教育目标体系，通过影响语文教育目标系统的内在调节与协作间接地发挥作用。

坚持语文教育的人文精神的价值取向。语文教育的德育目标除重视传统的思想品质、道德品质、个性心理品质等发展目标之外，还要关注人的主体性发展、人格的完善、精神生活的和谐。在智育目标上，除重视传统的知识、能力、智力发展之外，还要注意智力与非智力因素的协调发展，情感陶冶与生命体验。在美育目标上，除重视传统的审美知识、审美能力的发展目标之外，还要尊重个体的审美经验、审美感受、激励个体的审美想象、审美创造及倡导对人生的审美观照、对人格的审美塑造。也就是说，人文关怀是一切语文教育手段与工具的灵魂，人的精神发展是所有操作性目标的最终归宿。

语文教育人文关怀目标不是空洞的口号，它既具有悠久的精神价值传统，又具有生动具体的时代内涵。作为一种优良的文化传统，它孕育了生生不息的人类文明；作为一种新兴的社会思想，它发出了振聋发聩的时代呼声。吴宓提出的文学教育的几个方面的作用，可以作为传统语文教育人文关怀目标的历史性总结：涵养心性，培植道德，通晓人情，洞悉世事，表现国民性，增长爱国心，确定政策，转移风俗，造成大同世界，促进真正文明。面对 21 世纪风起云涌的社会变化，人文精神的时代风貌也将经历时代性的变化。

英格尔斯提出，现代人应具备的 14 个特征，这些特征归纳起来主要有三个方面：第一，现代人具有开放性，乐于接受新事物。他们准备和乐于接受他们未经历过的新的生活经验、新的思想观念，准备接受社会的创新和变化。他们思路开阔，头脑开放，尊重并考虑各方面不同的意见和看法。第二，现代人具有自主性、进取性和创造性。他们注重现在和未来，守时惜时。他们有强烈的个人效能感，对人和社会的能力充满信心，办事讲求效率。他们尊重事实和验证，注意科学实验，认真探索未知领域，不固执己见。第三，现代人对社会有责任感，能正确对待别人和自己。他们能相互理解，能自尊并尊重他人。他们有可依赖性和信任感，不相信命运不可改变，而认为依靠社会力量能使人生活得更好。语文教育的人文性应着眼于新世纪创业者人文素养的培植。我们把新时代的人文精神的内涵概括为以下的几个方面：人格健康、高创造力、主体意识、求实求真、乐于竞争与善于合作、个性和谐、乐观开放、热爱生活。这八个方面是新价值观的具体体现，也是未来人才培养的方向和标准。以此为基础，语文教育的人文价值应包含以下几个方面：①引导学生走近生活、观察社会、体悟人生。帮助他们形成乐观开放、乐于竞争与合作的人生态度。②培养学生的人文品质，继承民族文化传统，汲取现代文化精髓，奠定文化底蕴。③陶冶学生的情操，启迪学生的悟性，培养学生的批判思维和创造思维，形成健全独立的人格。④培养学生的主体意识，确立学生在教学过程中的主体地位，发挥学生学习的主动性、能动性与创造性。

（三）人文意蕴的开掘

语文教育中人文价值目标的最终实现取决于语文教育实践的正确走向。从语文教育过程的展开来看，选择文质兼美的教材，加强语文教学过程的审美性，立足现实生活激发学生的自我表现与表达，是开掘语文教育人文价值的有效途径。是否符合文质兼美的标准，是制约语文教育人文关怀目标实现与否的关键因素。选文是否具有深刻的思想文化内涵、广阔的文学视野、浓郁的人文情怀，直接决定着语文教育人文性的深度、广度和力度。文质兼美的选文作为人文精神最好的寄寓之所，对于培养学生的人文精神具有本源性决定作用。

文质兼美应包含以下几层基本含义。

1. 文道兼美，一多并举

选文的思想内容不仅要与语言表达做到有机统一，而且要具有深刻的文化意义、人文意蕴和审美价值；选文在语言表达上则要生动准确、隽永晓畅、富有个性。这样的文道观对于语文教材的选文标准才具有真正的实际意义。

文道兼美的选文标准，并不意味着把文道关系限定在狭窄的伦理道德和正统文论的域界，而是应该一多并举。从“道”的标准来讲，“一”指的是教材选文应体现人类所崇尚的以真善美为代表的终极精神价值；“多”指的是选文要体现人类思想文化的丰富性、多元性、开放性。我们应以一种博大的文化胸襟和高远的发展眼光来看待文章的思想文化内涵。在选文中，既要有传统的伦理教化内容，又要有体现人类普遍的精神价值追求的内容；既要有以明道为旨归的皇皇巨著，又要有抒发个人性灵的小品佳作。从“文”的标准来看，“一”指的是选文的语言表达，必须规范、准确，具有代表性，示范性，思想内涵必须源于生活、积极向上；“多”则是强调语言艺术特色的多样化、个性化和风格化，文化内容的开放化、立体化、层次化。唯其文思泉涌、灿烂其华，方能风行水上，自然成文，行而广远，也只有放眼宇宙，博采万物之精华，才能广开眼界、启人心智、有益身心。

2. 内外兼顾，和谐统一

教材选文，作为语言学习与文化陶冶的范本，应具有内外两个方面的价值，或曰本体价值与工具价值，即精神陶冶价值和语言教育价值。只有做到这两种价值的有机统一，才能体现文质兼美的全面要求。选文的语言教育价值体现在对学生听说读写等基本语文能力的培养上，而精神陶冶价值则立足于学生的精神发展、人格完善上，两者是相辅相成、互为依存的。因为，从文章本身的统一性来看，语言因素与思想因素是水乳交融、不可分割的。没有思想的语言表达没有实际意义，脱离了语言轨道人的思想同样难以表达。从学生语文学习过程的综合性、复杂性来看，学生的语言发展同学生的思维发展、思想成熟、精神成长存在内在统一关系。它们之间相互影响、相互作用、和谐共存、共同发展。脱离思想教育、精神陶冶的语言训练会使语文教育变得枯燥乏味、机械生硬；而脱离语言训练的思想教育同样会把语文教育变成迂阔的道德说教、理论灌输。因此，选文的这两种价值标准不可偏颇，应当兼顾。

3. 兼顾选文内外价值的和谐统一

选文的编排、教材体例的选择、语文知识的穿插、课后作业的设计等环节，都应该体现选文内外教育价值的统一。语文教育既要避免唯知识智能训练为中心，也要防止唯主题思想分析推理至上。教材的编辑加工有时不被重视，被看作一种技术性工作。其实这是一种错误的看法。教材的编辑加工是展开语文教育价值、实现语文教育目标的重要途径，它需要以正确的教育观、心理观为指导，以语文教育的内在规律、师生相互作用的互动模式为依据，并要对语文知识掌握、能力发展与精神发展的内在统一关系有深刻的洞察与理解；它既需要有哲学的眼光，又需要有科学的程序，还需要有艺术的手法。从选文到编排，从封面到插图，从设计到印刷，所有步骤都关系到教材的质量和生命。因此，文质兼美不只是一种对文本的内在要求，还是一种指导具体编辑工作的根本原则。

4. 开放思维，审美观照

人文精神从某种意义上讲又可以理解为人类对真善美孜孜不倦的价值追求，因为真善美代表了人类精神的最高境界。这种追求不仅包括对知识形态的科学、道德、美学领域的探索，它还指向人类在获取这些知识的过程中所孕育滋生出来的科学精神、道德意识和审美体验。其中，审美体验不仅具有相对独立的价值意蕴，还是科学精神与道德意识所追求的最高境界。美存在于自然之中，而科学的发现，不仅指向知识，还关注审美体验。在道德与审美的关系上，审美同样是道德境界的需求。古人强调“文以载道”“文以明道”，其用意也在于此。只有把抽象的道德规范和理念渗透到由文学语言所塑造的美好的道德理想人格形象中来，才能使个体获得道德实践的驱动力。审美是沟通知识和德行的津梁，是培植人文精神的必由之路。语文教育要走向人文关怀，就必须通过开掘隐含在文本中的真善美精神价值来唤醒、激励学生的求知、向善、爱美之心，通过审美教育塑造他们的人文精神。

5. 语文教育的审美观照，尤以阅读教学为重

语文阅读活动中的审美教育是美学在阅读活动中的具体应用。它的任务和作用是按照美的规律，用美的信息去激发、引导阅读活动的主体——学生的审美心理和情感，培养学生符合人类崇高理想的审美意识，帮助学生获得健美的心灵和高尚的审美情趣，使他们在开放的语文阅读活动过程中逐步形成正确的审美观念和健康的审美品质，把握辨真伪、识善恶、分美丑的正确的审美，提高学生的审

美素质和审美能力，以培养全面发展的人。语文阅读活动与审美教育有着难解难分、血脉相承的特别关系。加强审美教育有助于提高语文阅读质量，深化语文阅读效果。语文教材编选的课文大都是依照美的法则创造出来的文质兼美的典范佳作，是集中反映社会、艺术、科学、语言等客观美的结晶。文章精美的语言，展示出崇高的美的艺术境界，而好的艺术境界本身，又丰富并加强了语言的艺术表现力。我们在阅读活动中，一方面可以抓住精彩传神的关键性字词语句，把学生引进它所展示的优美境界，使他们在美的艺术享受中受到熏陶，提高审美能力；另一方面，又可以抓住令人心灵颤动的意象、情境和形象，引导学生反转过来深入体味。领悟文章中高超的语言艺术技巧，提高运用语言表情达意的能力。语文教师要充分利用文章的美学意境，创设审美情境，善于敏锐地发掘文章中的美点，揭示深蕴其中的审美情趣；要善于借助审美意象，启发学生的审美想象，根据文本的特点设计审美议题，以诱发学生的审美体验；还要确定审美目标，指导学生展开审美鉴赏活动；要调动各种手段，把学生引入美的艺术境界，诱发学生联想探求，观察体验，既对学生进行审美教育，又把审美教育和语文阅读活动有机地交融在一起，使学生深入理解了课文，提高阅读效果和质量。在这种活动中，教师要从各种不同的审美角度、不同的审美层面引导学生深入地分析和理解。这样既可以使学生受到审美教育，又有助于学生对课文从表层性的体味感知到深层性的领悟理解。

二、语文教育的个性发展

（一）语文教育个性发展的内涵

人的发展的核心是个性的和谐发展。语文教育在学生的良好个性的形成与发展中扮演着主导性角色。传统语文教育在这方面存在一定的缺陷，没有认识到语文教育对个性培养的重要意义，忽视了语文教育在个性培养方面的积极作用。

当前，个性教育已成为世界教育创新所关注的重大主题。儿童中心教育学认为每个儿童有其特性、兴趣、能力和学习需要，儿童之间存在差异是正常的。因此，学习必须据此来适应儿童的需要，而不是儿童去适应预先规定的，有关学习过程的速度和性质的假设，儿童中心教育学有益于所有的学生，其结果将有益于作为整体的社会。

重申儿童中心教育学概念，表明国际社会在宏观的教育理念和教育政策上确立起了个性发展的方向。那么，我们应怎样理解个性发展呢？

1. 个性是完整的，创造力、想象力等品质是个性健全发展的表现

把一个人在体力、智力、情绪、伦理各方面的因素综合起来，使他成为一个完善的人，这是对教育基本目的的一个广义的界说。因此，个性是道德、体力、智力、审美意识、敏感性、精神价值等的综合，是一种复合体。也就是说，想要培养一个个完整的人，就不能把某一种或某几种品质从完整的人分离出来孤立地培养。所以，为了培养人的想象力和创造性应首先培养自由的人，这应该向青少年提供一切可能的美学、艺术、体育、科学、文化和社会方面的发现和实验机会，而不应该局限于短视的功利需求。

2. 个性是独立的、具体的、特殊的

尽管个性发展离不开与他人交往，但个性首先具有内在的独立性。每一个人都有其独特的发展史，因此每一个人都是具体的、特殊的。每个人都有自己的历史，这个历史是不能和任何别人的历史混淆的私人史。每个人都有自己的个性，这种个性随着年龄的增长而越来越被一个由许多因素组成的复合体所决定。这个复合体是由生物的、生理的、地理的、社会的、经济的、文化的和职业的因素所组成的。

3. 个性发展内在地包含了社会性的发展

每个人的发展必然带来整个社会的发展。把个性发展与社会性发展，或把每个人的发展与整个社会的发展孤立起来、对立起来或并列起来，都是二元论思维方式的产物，都不能正确理解个性发展的本质。

4. 个性发展是一个无止境的完善过程

人和其他生物的一个重要区别是人的未完成性，即人的生存是一个无止境的完善过程和学习过程。终身学习不只是社会要求，还有个性发展的内在需求。由此看来，追求学习者的个性发展是世界教育创新或课程创新的重要趋势。从本原上看，每一个性都是完整的，亦是独立的、具体的、特殊的。因此，培养个性应尊重个性的完整性、独立性。个性发展内在包含了社会性，因此个性的成长是在生活中、在持续的社会交往中进行的。个性发展是无止境的完善过程，因此终身学习应成为每一个人的内在需求。在我国，当代教育创新也在 20 世纪 80 年代后期把个性培养列为教育的主题与使命之一。把发展人的个性作为教育的培养目标，因为教育在今天只有赢得了个性和个性发展，才能赢得社会发展的未来。个性教

育就是真正的、具体的、独特的人的教育，就是使一个生物意义上的实体不仅获得社会性、文化性，还是一个获得自身独特性、自我确认性的过程。因此，语文教育凭借其自身的人文学科优势理应成为个性教育的核心，发挥中流砥柱的作用。

（二）语文个性教育的作用

1. 语文个性教育的价值追求

语文个性教育的价值观是语文教育功能观的直接反映。汉语文教育有其独特的功能和价值，其功能和价值又具有多层次复合性。

功利本位与人文本位是最能概括当前各种对立观点的一对范畴。功利本位论强调把语文教育的功利性放在首要地位。把学生对汉语的听说读写水平和能力作为语文教育追求的根本目的，突出语文教育的工具价值。在此前提下，他们一般不反对语文教育的人文价值，甚至也十分强调语文教育的教化作用。人文本位论则认为语文教育的最大功用在于教化，最大价值在于弘扬人类和民族的优秀文化传统和人文精神，培养学生健康的人格。在此前提下，他们一般也不反对语文教育的工具追求和工具价值，甚至认为人类精神传递的前提是对语言文字工具的掌握。

汉语文教育的特点决定了汉语文教育的功能绝非单功能，而是复合功能。复合功能就是将语文教育的各种功能有机地整合为一体的功能。汉语文教育的复合功能由两大类要素组成，即由工具性要素和人文性要素组成为复合功能球形图，两类要素组合不存在孰先孰后、孰上孰下的问题。

工具性要素的主要内涵包括听说读写、知识方法、思维。人文要素的主要内涵包括情思、审美、伦理、历史文化。工具性要素和人文性要素之所以能够合二为一，关键在于中介要素的作用。中介要素就是汉字和汉语，其作用就是语文教育过程。通过汉字汉语的教育，使要素之内涵发生联动和整合，使两大类要素产生有机联结和整合。汉语文教育的复合功能是一个有机的开放的组合系统，是一种弹性机制，它在信息交换过程中不断地作出自己的选择和应对，系统也会因此发生相应的变化。汉语文教育的复合功能铸就了我国民族文化特性，发挥了全面综合的素质教育作用。汉语文的复合功能观念对于语文个性教育价值观的构建起了决定性的作用。语文个性教育的核心就是要通过语文教育促进学生的个性和谐健康发展。它冲破了以往单功能观的狭隘视野，把语文教育置于一个更为广阔互动的历史文化背景之中，突出强调了语文功利性价值与人文性价值之间互为依存、相辅相成的血脉一体的内在联系，从而为人的个性发展铺就了一条更为切实、明确、广远的道路。

语文教育的多功能整合观很好地协调了语文教育的工具性价值和人文性价值、内在价值与外在价值，把个性教育与社会需求有机地结合起来，这对于培养符合社会需要的良好个性品质起到了积极的促进作用。因此，多功能复合的语文教育价值观是语文个性教育的重要理论基石，在当代具有重要的现实意义。在 21 世纪，语文个性教育的价值追求表现在受教育者的素质上就是要重视个人的自由发展，尤其是人格的健康成长。这一点具有世界性、终极性意义。通过教育，尤其是以人文性为核心特征的语文教育，重塑现代人的人格精神，是促使社会和个人协调发展、可持续发展的重要基础。

2. 语文个性教育在个体人格的塑造方面应发挥积极的作用

语文个性教育在人格塑造方面要坚持以下三方面的价值追求。

第一，重塑人格基础，由关注知识技能转向关注个性整体发展，并主要关注精神世界的构建。语文教育要重塑人格的基础，必须正视这一现实，努力扭转这种不良局面与风气，重新把语文教育的重心放在对个性人格的塑造与培养上。要实现语文教育的根本价值，促进个性的和谐发展与人格的健康成长，必须做到两个转变。从理论上要转变对语文教育本体价值的认识，树立起牢固的多功能复合价值观，真正理解汉语文本体的质的规定性对语文教育多功能复合价值观的内在的决定作用。在实践上要处理好语文知识技能掌握与文学熏陶、精神启迪、审美体验等隐性因素的关系，使不同因素相互联系、相互支持、相互转化。一方面，语文教育把语文知识、技能因素融入个体精神活动、人格意识、行为模式的整体中去，使其有所附加；另一方面，语文教育则把个体的精神世界建构在牢固的语文知识技能之上，为个性的发展打下坚实的语文基础和文化根底。

第二，重塑人格形成机制，由关注教学目标转向关注教育目的，将人文关怀贯彻到教学实践中。现在的语文教学过分追求教学目标的细目化、可操作性、确定性、完整性等行为性标准，相对忽视了情感性、体验性、审美性、情境性等隐性目标。我们知道，语文教育的目的着眼于个性的全面和谐发展，尤其是个体人格与精神的发展。它是整个语文教育的立足点，也是归宿，对于具体的教学实践具有终极性的决定意义与规范价值。语文教学目标则是便于实践操作而从教育目的中分化出来，它对加强语文教学的程序性、规范化具有实际的指导作用。但是，这并不意味着在教学实践中按部就班地完成了各种具体的教学目标就能够达到教育目的的要求。按照教学系统论的观点，教育目的的内涵要高于各种具体教学目标。因此，个体的个性自由、充分发展以及精神世界，要以教学目标的实现为基础和媒介，又要超越其上，积极地转化、扬弃和提升，使其获得个性的特征、人格的意义。各种语文教学目标所规定的知识、技能、思想、文化等学习内容，必须通过个体自我意识的同化，行为模式的内化与外现的转化，才可能真正地变成个性的有机组成部分。这一过程的实现，一方面要以各种具体语文教学目标的实现为前提，另一方面要借助于特定的教育环境，通过个体的自我教育、自我发展、自我提升来实现。教育环境除了包括课堂学习外，还有心理氛围、情景诱导、教师的人格魅力及教学活动的潜在影响等隐性因素。因此，语文教育要重塑人格养成机制，必须标本兼治、内外双修，为个性的和谐发展创设良好的教育环境。

第三，重塑人格境界，由“功利人生”的定位提升到“审美人生”的设计。应试教育以其功利主义价值取向为主，忽视了语文教育的审美价值，把文学教育驱逐出语文课堂。语文教育要重塑人格境界，必须加强审美教育。因为只有审美教育，才能为个性的精神世界创造一个超越功利的自由发展空间，才能使个体认识到人生就是一件弥足珍贵的艺术品，从而唤醒他们热爱美、向往美、创造美的美好情感。因此，语文教育只有成为审美教育的过程，才可能充分释放汉语言文字及文学作品中的美感，把学生的精神引向纯净、高尚、理想之境。

（三）语文个性教育的实践走向

确立语文个性教育价值观为语文个性教育实践指明了方向。语文教育在教学实践中应始终坚持以个性的和谐发展、人格的健康成长为指针。个性的发展、人格的形成是多方面、多层次、多方位的，其中创造性是核心因素。从某种意义上说，个性教育就是创新教育或创造性教育。我们知道，个性独特性是个性得以确立的根本依据，个性教育就是要立足于客观存在的学生的个别差异性，通过因材施教，充分调动每一个学生的积极性、主动性和创造性，使每个人都体会到成功的快乐，体验到作为学习主体的自主感、成就感，从而释放每个人的学习热情和创造能量，培养出个性鲜明、朝气蓬勃、积极进取，勇于创新的社会主体。只有承认学生的个性差异和客观事物的多元性，才能真正地培养出学生的创造性。因此，个性教育必定是创新教育，而创新教育又是促进个性发展的关键因素。语文教育多功能复合价值观决定了语文创新教育内涵的丰富性、多元性。一方面，作为工具学科，语文教育对培养学生独特的个人语言表达能力、语言风格具有促进作用；另一方面，作为人文学科，语文教育对培养学生独特的人格精神、审美意趣。道德素养又具有重要意义。因此，语文个性教育的创造性就是要培养学生的良好语感、独特的语言风格、语文思维创造性以及积极向上的创造性人格。

1. 语感教学与语言风格的养成

一个人的语言往往就是他的精神世界的表征。尤其是以文字为表达手段的书面语，更能较系统、全面、深刻地反映一个人的文化修养、价值取向、审美趣味及精神追求。而语言风格是标示一个人语言独特性的重要因素，是一个人的符号化外貌。语言风格的形成有赖于个体语言的积累与语感生成，良好语感的获得是形成个人语言风格的根本前提。因此，语感教育是语文创新教育的重要内容。

2. 语感的性质及语感教学

语感是一种修养，是在长期的规范语言应用和训练中养成的一种对语言文字（包括口头语言、书面语言）比较直接、迅速、灵敏的领会和感悟能力。它具有敏锐性、直觉性、完整性、联想性、体验性。语感虽然具有模糊性、会意性等非理性化的特点，但可以将它作科学的、辩证的分解，分项确定其训练目标。从宏观角度看，语感可以分为听感、说感、读感、写感。从语文理解的过程及方式的角度来看，一个人的语感能力大致可以分解为相互关联的两种判断力：一是对语言对象在语言知识方面的判断能力，包括语音感、语义感、语法感和语气感，这是直觉性语感；二是对语言对象在内容上真伪是非与形式上美丑的判断能力，它包括思想观念、情感意志、人格状态、审美鉴赏等，这是理解性语感。老一代语文学家把语感和语感教学看作语文教学的本质和核心，是语文教学的最终目的。

3. 语感训练的途径和方法

语感之“感”源于所感之“语”。它是客观语言对象对人的语言器官长期雕琢、不断积淀的结果。因此，要培养准确、敏捷的语感必须注重语言的积累，加强语感的实践训练。

第一，培养对字词的感受力。要做到有效的语言积累，多看多记。多看，既看生活，又看书本。多记就是要在理解的基础上背诵一定数量的名篇佳作。

第二，强调诵读。

第三，凭借生活经验获取语感。

第四，依靠对语言行为意义的感知。语感实际上是经由言语、通过言语又超越言语去感受语言使用者的内心情感和他的思维。

语感分析训练是提高语言感受力、加强语言意象积累的重要手段。语感的分析侧重是在对文本整体感性理解与把握的基础上，针对某些具有文学解读意味的句子或词语进行深层次的理性分析。语感分析最大的难点是把握语言的隐含信息、语言的自我表达。语言的自我表达能力是语文教学所要培养的重要技能，它集中地体现了个体的语言个性、创造性和独特风格。

语言表达能力的培养并不是一种简单的技能训练，它是同个性的思想发展、精神成长、人格追求紧密相关的。发展语言表达能力，必须从促进个性精神和谐发展入手。自我表现是个性精神发展的一个重要方面，它对个体的语言表达能力的发展起决定性作用。激励学生勇于表现自我，敢于发表自己的见解，抒发自我的生活感悟，是提高个体语言表达能力的重要原则。

（四）创造性思维的培养

语文能力的核心是思维能力，思维能力的最高层次是创造性思维。创造性思维是一种具有开创意义的高智能的思维活动。它既具有一般的思维基本性质，又具有自身的独创性、突破性和新颖性。

语文学科作为基础教育中的基础学科，对培养学生的创新意识和创造能力具有决定性的意义，这也是深化语文教育创新、实施语文素质教育、实现语文教育个性化的关键。培养学生创造性思维能力的途径和方法主要有以下几种。

1. 立足个性差异，培养求异思维

每个学生先天遗传特质和后天所受的教育及经历不同，心理发展又不处于同一水平，思维能力便有较大的差异。所以，想要发展学生的创新能力，就必须承认学生的个性差异和客观事物的多元性。传统的语文教学往往忽视学生的个性差异，按照一种整齐划一的僵化模式对待个性迥异的学生。这既损害了学生的自主性和积极性，也抹杀了他们的创造欲望。因此，加强语文个性教育，就必须积极培养学生的求异思维，发展学生的个性，鼓励他们的创造性。

2. 深挖教材内蕴，积极诱导启发

学生是学习的主体，不同学生对同一篇文章的感受是不同的。因此，教学切忌求同过多，而应尽量引导学生用发散眼光，立体地、全方位地审视文章的立意、

题材、结构和语言，尽可能地激发学生去感受体味，大胆想象，形成自己的独特见解。教师只有用全新的、多角度的眼光分析教材，才能开阔学生的视野，使他们运用与众不同的思维方式对问题进行分析、比较和概括。我们应鼓励学生去思考、去发现，从而在潜移默化中提高自己的鉴赏力、创造力。

3. 激发求知兴趣，鼓励创新精神

创造性思维能力的培养是以激发求知兴趣为前提的。语文教学应坚持启发性原则，提问设疑，强烈刺激学生的学习情绪，活跃思维，使学生振奋起来，产生积极探求新知的欲望。激发学生学习兴趣的关键在于精心设疑。问题是创新之源，疑问是探究思索的动因。在语文教学中，基础知识训练、阅读和写作等均可通过精心设疑来激发学生的学习兴趣和创新精神。

4. 丰富想象能力，捕捉直觉灵感

直觉思维是人脑对事物及其本质和规律作出迅速识别、敏锐观察、直接理解和整体判断的思维过程，它是构成创造性思维活动的必要因素，培养创造性思维能力，就必须加强直觉思维能力的培养：一要通过阅读教学，发展学生的想象能力。二要加强朗读和进行语感训练。汉语重语言主体的心理因素，强调直观感受，这种直观感受正是直觉思维力强的表现。加强朗读，进行语感训练，正是凭借着阅读活动的经验直觉对言语的敏锐感受，从而瞬时性地感知和领悟言语，是培养直觉体味语言的重要途径之一。三要创设情境，触发创新灵感。创设情境是触发创新灵感的有效手段。生活展示、实物演示、表演体会、音乐暗示等手段都是触发灵感的重要手段。在语文教学中应注意发挥这些因素的作用。

（五）创造性人格的养成

语文创新教育需要解决的问题不仅仅是培养语文创新能力，创新人才培养的最核心问题其实是培植自由精神、养成创造性人格。创造性与其说是一种能力，毋宁说是一种精神气质、人格倾向。自由精神是一个人创造力的灵魂，它体现在教育管理者、教师与学生三个层面。创新教育不仅要求学生作好知识、技能及思想上的准备，而且要求教育管理者和教师具有开放的意识、民主的管理、勇于探索的精神，使创造性成为教育的一种自觉的价值追求。培养创造性的关键是教师要站在学术的前沿，切实了解社会的发展及学生发展的需要，灵活多变地调整自己的教学计划与教学设计，以激发学生的创造力为旨归。教师要通过设置特定的问题情境，让学生感受到问题的现实挑战，诱发他们克服困难的内驱力、意志力和人格信念，从而使创新教育与人格的发展联系起来。

语文个性教育要通过语言载体，充分挖掘依附其中的人文精神、价值意蕴，去引导学生求真、求善、求美，培植其主体性，鼓励其自由创造精神，真正把创造性教育与个性的人格发展融合起来，使创造教育获得持久稳定的内驱力。

第三节　语文教学方法的基本理论

一、语文教学方法的基本原理

了解语文教学方法，先要了解语文教学方法的内涵、特征和分类，明确优化语文教学方法的标准和要求。

（一）语文教学方法的内涵

方法是一个多视角的复合体。从哲学的视角考察，它是人类认识世界和改造世界的方式和手段，人们称之为方法论。从心理学的视角考察，它是人类自主控制的行为程序。

方法实质上就是一定对象运动规律的规定性和活动模式，它在一定的范畴内规范着人们的行为方式。[①]

语文教学方法具有多层次的内涵。从宏观、广义、整体来看，它是概指实现语文教学目的所采用的教材编排、教学过程、教学原则、教学形式、教学设施、教学技术等一切方面。人们平常泛指的“改进语文教学方法”，实际上多指“语文教学方法论”。从微观、狭义、局部来看，它既是师生为达到语文教学目的而进行的相互联系活动的形式，也就是独立的、具体的语文教学方法，是教法和学法的统一。我们所说的语文教学方法是狭义的，为了完成教学任务所使用的工作方法，它包括教师教的方法和学生学的方法。

① 赵书平．语文教学中渗透德育的基本策略与方法初探 [J]. 教育实践与研究（B），2024（10）：20–22.

（二）语文教学方法的特征

语文教学的方法不是一种孤立的现象，而要受到多种教学因素的制约；语文教学的方法也不是一种单一的模式，而是多姿多彩、变化多端的；语文教学的方法更不是凭空产生，一成不变的，而是发展变化、推陈出新的。正确认识语文教学方法的基本特征，认识它的整体功能，是选择运用和创新语文教学方法的基础和前提。也就是说，无论是选择运用还是创新，都必须充分考察语文教学方法在语文教学整体坐标系中的位置和功能，它与各种教学因素、教学环节以及方法相互作用、相互影响，进行教法结构的整体设计，提高语文教学的实际效益。

语文教学方法的基本特征可概括为以下三个方面。

1. 语文教学方法具有依存性和变通性

依存性就是语文教学方法要受各种语文教学因素制约。首先,教学思想统帅教学方法,教学方法是教学思想的直接体现。教师设计某种教学方法,总是有意或无意、自觉不自觉地受一定教学思想的支配，完全不受任何教学思想支配的教学方法是不存在的。主张“学生为主体，教师为主导”的教师，注重“导读”，尽量设计各种有利于调动学生主体意识的讲、读、议、练、看的教学方法。因此，从这个意义上来说，语文教学方法的创新，归根结底是教学思想的创新。其次，教学目的决定教学方法，教学方法为教学目的服务。如果以传授知识为教学目的，则主要可以采用讲授法；如果既要传授知识，又要培养能力，则必须讲练结合。此外，语文教学方法还要受到语文学科性质、语文教学内容以及学生年龄和心理特征等多种因素的制约。所以说，语文教学方法具有较强的依存性，不能主观随意地盲目设计和使用。但是，语文教学方法又具有较大的变通性。它的依存性并不能限制它的灵活变通。不同的情态可能采用相同的方法，相同的情态也可以运用不同的方法。比如，各类文体教学都可以采用讲练结合的教法。又如，传授知识，既可讲授，也可讲读议多种方法综合运用，即使是只用讲的方法，也有用启发式还是用注入式的高下优劣之分。这种变通性就是“弹性”。语文教学方法的“弹性”特征，说明“教无定法”，要求教师设计和运用时采取相应的灵活态度，不拘一格，学会变通，善于权变。

2. 语文教学方法具有多样性和综合性

语文学科性质的综合性，语文教学内容的丰富性，语文教学过程中师生相互联系活动形式的多样性，以及语文教学方法自身的变通性，决定了语文教学方法具有多样性。比如，语文学科内涵丰富多彩，语文教学方法也就绚丽多姿。识字、释词、析句、习篇可有多种教法；语法、修辞、逻辑、文学知识可有多种学法；听、说、读、写各种能力，各有各的训练方法；记叙、说明、议论、应用各类文章，各有各的讲法、读法和写法。而多样化的教学方法的交织使用，势必形成语文教学方法的综合性。实践证明，任何一种教学方法都有它的长处和优越性，也有它的短处和局限性，“尺有所短，寸有所长”，哪怕是再好的教学方法也不是“万应灵丹”，包治百病。因此，语文教学中决不能只使用某一种具体方法。比如一堂新授课，光讲不行，还要读，可能还要议和练，即使是讲，也不能只用讲述法，还要交错运用讲解法、讲析法乃至于串讲法、评点法等。所以，在语文教学中，以某种方法为主、其他方法为辅，多种教学方法交错使用的情况是常见的，这也是由语文教学方法综合性的特点所决定的。

3. 语文教学方法具有继承性和创造性

举一反三的启发式教学法构想，至今仍然具有强大的生命力。至于吟诵涵咏、口诵心惟、熟读精思、旁推交通之类传统教法，已经影响了并且继续影响着我国一代又一代语文教学。由此可见，语文教学方法既不是从天上掉下来的，也不是人们的头脑里所固有的，而是从历史的沃土中生长出来的。历史是无法制断的。试想，谁能够在现代语文教学中完全排除古人和前人创造出来的教学方法呢？语文教学方法具有历史继承性，这是不言而喻的。但是继承传统决不等于故步自封。任何事物都在不断地发展变化，停止发展也就会丧失生命力，语文教学方法同样如此，总要在继承的基础上创新。仅以阅读教学方法为例，从古到今、从传统教法到现代教法，它就经历了“串讲法、诵读法评点法，讲读法、分析法，谈话法，精讲多练法，讲读法、读书先导法”这样一条发展轨迹，不时发展变化、推陈出新。

这种“出新”包含三个层次：一是新的组合，即将现有的具体单个的教学方法经过科学的排列组合，形成一种新的教学方法；二是新的引进，即从他国移植一些先进教法，结合本地教学实标，进行消化、推广；三是新的创造，也就是总结自己和他人的丰富教学经验，遵照教育教学原理，结合实际。别出心裁地设计创造出一种新的教学方法来。教学方法的设计和使用，既是一种技术，也是一种艺术，特别需要避短扬长，推陈出新，发挥创造性。

概括地讲，上述语文教学方法的三大特征，体现了语文教学方法本身的三对辩证关系。正确地处理好这三组对立统一的矛盾，就可以整体把握语文教学方法的本质。

（三）语文教学方法的分类

语文教学方法到底有哪几种？这就牵涉到教学方法分类的问题。而长期以来，人们对于这个问题，都是见仁见智，莫衷一是。

达尼洛夫、叶希波夫将语文教学方法分为以下三类：保证学生积极地感知和理解新教材的教学方法，巩固和提高知识、技能和技巧的教学方法，学生知识、技能、技巧的检查。有人则把教学方法划分为三个相互联结的层级：第一层级，包括以语言文字为传递媒介、以传递知识为主的五种基本方法，即讲授法、谈话法、读书指导法、练习法、检查法。第二层级，以实物为媒介，除传递知识以外，具有培养实际技能，操作能力的功能，即演示法、实验法、参观法、实习作业法、课堂讨论法等。第三层级的教学方法是新的综合的方法。

教学方法的分类是多视角、多层次的。对语文教学方法的分类，既要借鉴普通教学方法分类法的原理，又要依据语文学科教学自身的特点，还要顾及语文教学方法的历史和现状，集中起来，确立一个能够反映语文学科特点、便于区分的划分标准。这个标准可以由以下几个方面组成：第一，从教学论来看，语文教学方法作为一种教学手段，它主要采用的活动形式；第二，从信息论来看，作为一种传递信息的通道（信道），它主要凭借的传递媒介（传媒）；第三，从生理学来看，作为一种外部刺激，它主要作用于生理感官；第四，从心理学来看，作为一种心理调节方式，它主要调节于心理机能。

根据这种划分标准，语文教学方法可以分为四类。

第一类，运用语言的方法，包括讲述法、讲解法、评析法、申讲法、评点法、谈话法、问答法、商议法、讨论法、默读法、朗读法、背诵法、吟诵法、复述法等。它主要采用讲、议、读的活动形式，凭借语言符号，刺激人的言语器官，主要促进学生的记忆和理解。

第二类，直观感知的方法，包括观察法、观摩法、参观法、演示法等。它主要采用看和听的活动形式，凭借模型、实物和图像等媒介，刺激人的感觉器官，主要强化学生的感知。

第三类，实际操作的方法，包括提纲法、抄摘法、作业法、作文法等。它主要采用动手做的活动形式，凭借人的肢躯等传媒，刺激人的效应（运动）器官，主要训练学生对知识的应用技能。

第四类，综合交错的方法，如板书图示法、讲练结合法、读写结合法等。它采用多种（两种或两种以上）活动形式，凭借多种传媒，刺激多种生理感官，多方面调节学生的心理机能，发挥多种语文教学效用。

（四）语文教学方法的优化

谈到语文教学方法，必然论及语文教学方法的优化。按照巴班斯基的观点，教学最优化的基本办法，是既能提高教学质量，又能节省时间和精力的那些做法。对教师的教来说，是选择能有效解决相应任务的组织学习、刺激学习和检查学习的方法和手段；对学生的学来说，是在学习中合理地自我组织、自我砥砺、自我检查。语文教学方法究竟如何优化？近年来，我国语文教育专家学者对此进行了专门研究，推出了一套套方案，亮出了一个个标准。有的认为，语文教学方法的优化应包括以下四项内容：一是提高教学方法创新的自觉性；二是加强教学方法研究的科学性；三是注意教学方法运用的灵活性；四是提倡教学方法的多样化。有的则提出了是否优化教学方法的四条标准：一看时间效应，即运用这种教学方法，时间上是否经济；二看质量效应，即运用这种教学方法，质量上是否能够保证；三看心理效应，即运用这种教学方法是否符合学生心理发展过程；四看社会效应，即运用这种教学方法，社会效果是否好。所有这些观点和主张都能给人以启迪，具有理论价值和现实意义。

优化语文教学方法，对于语文教师来说，应当努力做到科学选用、巧妙组合、刻意出新、自成体系。这四个词，既是四项教学要求，也是依次递进、逐步上升的四个发展阶段、四种教学境界。

科学选用是基础，也是优化教学方法的基本要求。选择运用教学方法，必须依据正确的教学思想、既定的教学目的、学科的性质、教学的内容、学生的特点及教学环境的状况，并且做到课时少而效果好，尽量提高单位时间的教学效益。概括地说，就是必须符合语文教学的规律和教学过程最优化的原理。这是科学性的要求。

巧妙组合讲变化，在科学性的基础上讲究灵活性，能够将不同的方法巧妙地排列组合，使之更好地为完成教学任务、提高教学质量服务。刻意出新求发展，对原有的、常规的教学方法进行分析评价，汰选扬弃，通过引进改造和更新换代，创造出新颖的教学方法来。

自成体系日臻完善，要求语文教师在长期的教学实践和艰苦的教改探索过程中逐步形成一套自己的教学方法体系。事实上，每个教师在毕生的教学实践中都可能形成一套自己习用的教学方法，问题是这套方法是否成为完善的体系。而体系的完善性，就是科学性、灵活性和创造性的总和。

二、语文教学方法的基本形式

语文教学是要建构起常规教学方法系统。这个常规语文教学方法系统，主要是由讲授、诵读、议论、练习、观察五个大类的几十种具体教学方法构成的。

（一）讲授法

讲，是语文教学最基本的方法，既是传统的，又是现代的。

张志公先生说：所谓启发式，是教学用的一个术语，指的就是采取这种启发的办法进行教学，来代替完完全全地由教师来讲、学生完完全全被动地来听的这种方式。可是我们万万不能从这里得出来教师不能讲，教师一讲或者教师讲得多一些，就是满堂灌了，不能得出这样一个结论。教师就是要讲，得会讲，得善于讲，得讲得好，讲不等于灌。苏霍姆林斯基也曾强调：教师的言语是一种什么也代替不了的影响学生心灵的工具。所以说，讲授的方法在语文教学中占有重要的甚至是首要的地位。

语文教学的讲授法是一个大的门类，主要包含下述教学方法。

1. 讲述法

讲述法关键在“述”。教师采用叙述和说明的方式来讲授语文知识。它以班级学生为对象，充分发挥教师的主导作用，在较短的时间内集中传授密集的书本知识，保证知识传授的系统性、完整性和深刻性。一般用来介绍作者、时代背景和叙述课文内容，描摹情境气氛，阐发中心思想，总结写作特点等。

讲述法纵贯教学全过程，横穿各类文体教学，是各种教学方法中使用频率较高的一种方法。教师要吃透教材，掌握精髓。把最能体现内在规律性的知识教给学生，做到“少而精”；突出重点，突破难点，围绕教学目的，集中讲述必要的知识，不致旁逸斜出，横生枝节；语言精练，讲述生动，尽量运用语言以及表情、手势等体态吸引学生，感染学生；要启发诱导，双边协同，充分调动学生感知、思维等多种心理机能，把教师讲述和学生讲述结合起来。

2. 讲解法

讲解法关键是"解"。教师采用解说和诠释的方式来讲授语文知识。这是一种释疑解惑、点到为止的教学方法。主要用于解释字词，申解难句，解说概念史实典故，诠释名物典章制度等。运用讲解法，要保证准确性，有根有据；要具有明晰性，解说清楚，表述中背，不能模棱两可；要富于针对性，哪些要解说，哪些是诠释，事先心中有底，课上有的放矢，解学生之所惑，释学生之所疑，讲学生之所需。

应注意，讲述法和讲解法都是讲投法，实际教学中，要彼此配合，相互作用。

3. 评析法

评析法。教师采用评价、分析的方式来讲授语文知识。主要用来剖析课文内容、评论写作特点、讲评作业等。教师运用理论思维对语文教学内容进行判断、推理分析、综合、归纳、演绎，从而引导学生加深领会，提高认识，由初步感知教材到深入理解知识。采用评析法，既要精当，有的放矢，切中肯綮，要言不烦，一语破的，又要实在，有感而发，言之有物。

4. 串讲法

串讲法是一种古文教法，适用于某些艰深语体文的教学。它依照篇章结构顺序，逐段逐层乃至于逐句逐字地重点讲解，串通文意。串，就是贯串、连接，用以疏通语句文意，讲，就是解字释词。串讲的步骤一般是：读—讲—串。读一段（句），讲一段（句），然后贯通文意。串讲法适用于教学内容深奥、文字艰深的课文，特别是有利于文言文教学。运用串讲法，并非每字每句都要详加讲解，而应突出重点、难点。重点一般指思想内容或写作技巧方面在全篇中处于关键地位或者是有特点的句段。难点可以是没有注释而又难于理解的，或读了课文注释仍难理解的，或可能有歧义、有多种解释的字词句段，涉及社会历史背景和名物典章制度的内容，表述含蓄深奥甚至晦涩难懂的地方。

5. 评点法

评点法也是一种古文教法。评，指品评；点，指圈点。评点就是对文章写作方法和思想内容加以品评圈点，指出其突出之处，比如，指点炼字遣词的精当，品评修辞表达的巧妙，赞赏立意谋篇的奇特等，有时也对重点字词或关键词语做些注解。古人读书评点重在圈点，并各自设计了圈点标记办法；今人阅读评点重在品评。评点时一般是逐句评点，逐段小结。运用评点法，应做到：要言不烦，明白准确；注重写法，兼及内容；抓住关键，设问置疑。

（二）诵读法

读也是语文教学的基本方法。此法创设历史久远。古称“讽诵”。最早见于《周礼》。郑玄注释：“倍文日讽；以声节之日诵。”时至朱熹，倍加强调：大凡读书，须是熟读，熟读了自然精熟，精熟后理自见得。

诵读法就是通过反复诵读，疏通文字，体会感情，理解内容，同时培养语感，积累语言材料，训练读书技巧，增强语言的感受力和记忆力，提高语文素养。诵读包括朗读、背诵、吟诵等具体教学方法。

1. 朗读法

朗读就是把书面语言转化为响亮的口头语言。这是一种眼、口、耳、脑等多种生理机能共同参与、协调动作的阅读。它能增强语感，训练语音，再现课文情境，加深课文理解，培养学生的记忆力、语言感受力和口头表达能力。朗读的要求：一是准确做到语音正确，语句完整，句读分明，停顿合理，不哼读，不唱读，不拖泥带水读，须要读得字字响亮，不可误一字，不可少一字，不可多一字，不可倒一字，不可牵强附记，只要多诵遍数，自然上口，久远不忘。二是流畅，读得连贯流利，恰当把握语调和语气，体现抑扬顿挫、轻重缓急。三是传神，也就是有感情地读，熟练地运用语音和表情，表达出文章的风格神采。

语文教学应当从根本上改变不好好读书的局面，要运用多种方式进行朗读教学。首先，要加强教师的范读（或播放优美录音）为学生树立样板，并以此为手段，帮助学生深入体会课文的情感意蕴，增强教学效果。其次，要交替使用散读（自由读）、个读、引读、跟读、伴读、轮读、对读、指名读、分角色读、表演性读等方式，经常性地进行专门指导，授之以法，从严训练，使学生形成敢于和乐于高声而有感情地朗读的习惯，使学生真正学会读书。

2. 背诵法

背诵法凭借记忆念出读过的文章词句，在理解的基础上熟读而成。背诵有助于积累丰富的语言材料，模仿名家名篇行文说话，提高语文索养；背诵还是语文教学中的一种“记忆力体操”，长期适度训练，可以强化并开发学生的记忆力。需要注意的是，我们不能把死记呆背和背诵法简单地等同起来。

运用背诵法教学必须注意：一要坚持数量要求，每个学期必须要求学生背诵一定数量的诗文选段。二要精选背诵材料，所背诗文，或是名家名篇，或是典范段落和精彩片段。三要加强方法指导，提示所背文章脉络或关键词语，作为记忆的支点，帮助考生较快理解所背内容。

3. 吟诵法

吟诵法是一种古老的诵读方法，它用唱歌似的声调来诵读作品，以声入情，因声求义，以此感受作品的思想内容和韵味情调，包括两种方式：一种是按一定曲调唱，又叫吟唱、吟咏、吟哦、吟讽，适用于律诗、绝句、词、赋等抒情性强的古典文学作品；另一种曲调感不强，诵读成分较多，听起来朗朗上口，连贯流畅，又叫吟读、朗吟、讽诵，适用于读长篇歌行体诗，古代散文中叙事性强的文学作品。运用吟诵法，既要深刻把握作品意境，使吟唱腔调与作品内涵协调一致，又要掌握一些吟诵的基本技巧。

（三）议论法

议是语文教学基本方法之一，是通过师生之间回答问题或者展开讨论来完成语文教学任务的教学方法。苏格拉底在论辩中运用问答法，通过巧妙的诘问，引导对方承认自己的观点是错误的，所谈的是自相矛盾的，并将这种谈话法称为“助产术”。

议论法以问、答、议、论为主要表现形式，使学生有较多的质疑问难、发表见解的机会，有利于激发学生的学习热情，发挥其主观能动性，促进和发展他们的积极思维，养成敏捷思考、迅速作答的习惯和能力，同时有利于提高口头语言表达能力。议论法主要包括谈话、讨论等具体方法。

1. 谈话法

谈话法也叫“提问法”。由教师提出一些问题，引导学生积极思考，得出正确答案。这种教师提问，学生作答的对讲形式，就像日常生活中的谈话，故称谈话法。谈话的过程实际上就是启发学生分析问题、解决问题的过程。

有效地运用谈话法，关键在于教师如何设计提问和组织问答。一是谈话设计的整体性。对于提问、作答要作通盘思考，整体设计，不要零打碎敲，使教学失去系统性和条理性。二是谈话设计的启发性。设计提问要有利于开阔学生思路，引导他们积极思维。既不过浅过易，保持一定的思维力度，又要让学生“跳起来摘果子”，通过努力可以实现目标，同时还要顾及全班，所提问题难易搭配，使各种水平层次的学生都有答问的机会和能力，用以调动全体学生的学习热情。三是谈话设计的艺术性。要善于设疑、引趣，巧于曲问、点拨，还要注意教态和蔼亲切，坚持诱导激励，营造一个融洽生动的谈话氛围。谈话法的最大特点就是充分发动学生既质疑问难又释疑解惑，便于充分发挥学生的学习主体作用。教师必须真正吃透教材，牢固把握教学重点，精心设计教学步骤，善于驾驭课堂，做得活而不乱、游刃有余。

2. 讨论法

讨论法也称课堂讨论法、问题讨论法。在教师精心运作下，以集体（小组或全班）的组织形式，围绕某一教学要点或专题，展开议论甚至争辩，从而获得知识、开发智力的一种教学方法。

讨论法的形式多种多样。从组织形式分，有同桌对话、小组活动、全班讨论等。从讨论内容分，则有质疑问难，可用于文字艰涩、内涵深邃作品的释疑解难；心得交流，适用于课内外读写心得交流；专题评述，多用于评述文学作品，也可用于评析同学作文，进行作文集体讲评、问题辩论等。

教师运用讨论法必须注意：一要充分准备，选好论题，明确要求，妥善安排，指导学生作好参阅资料、起草发言提纲等项准备工作；二要严密组织，加强宏观调控，引导学生踊跃发表意见，围绕中心进行；三要认真总结，从中得到提高，收到实效，不能虎头蛇尾，有始无终。

（四）练习法

练也是语文教学的基本方法。这是教师指导学生反复训练、将知识转化为技能的一种教学方法。夸美纽斯明确指出：一切语文从实践去学习比用规则学习来得容易。这是指的听、读、重读、抄写，用手用舌头去练习，在可能的范围以内，尽量时时这样去做。练习法的最大功能就是使学生运用学过的知识，投入听说读写的各项实践，促使知识迁移，形成必要的语文技能和熟练技巧。练习的方式方法很多：既有课堂练习，又有课外作业；既有单项训练，又有综合训练；既有书面作业，又有口头练习。练习主要有复述、提纲、抄摘、作业等。

1. 复述法

复述法是以课文为依据，根据理解和回忆，用自己的语言叙述课文内容的练习方法。复述法能够促使学生熟悉课文，理解课文，锻炼和培养理解、记忆、概括、想象和口头表达等多种能力。复述方式很多，简要复述，以简明的语言，扼要叙述主要内容，一般用于检查预习或复述长篇课文，可以训练学生的概括能力；详细复述，包括复述课文基本内容和重要词句，多用于低年级或短文教学；摘要复述，摘取课文中的重点部分或精彩段落等，复述可详可略，创造性复述，以原文为依托，展开合理想象，进行必要的创造性描述。运用复述法，可指导学生恰当地运用课文中的语言和自己的语言，正确而有选择地表述课文内容。复述前要明确要求，让学生准备充分；复述中要启发鼓励，使学生正常发挥；复述后要总结讲评。

2. 提纲法

提纲法是用准确、简明的语言扼要概括课文内容并揭示其内在联系的教学方法。提纲法可以帮助学生深入理解课文，受到语言和逻辑思维能力的训练。编列提纲类型繁多。从内容分，有段落结构提纲，情节线索提纲，人物描写（或评价）提纲，景、物（环境）描写提纲。从形式分，有条文式提纲、表解式提纲、表格式提纲、图示式提纲、词句辑录式提纲、综合式提纲等。从范围分，有全篇提纲、段落提纲、片段提纲等。从作用分，有预习提纲、分析提纲、板书提纲、练习提纲等。从繁简分，有详细提纲、简单提纲。编列提纲的步骤是：首先，将课文内容划分段落层次；其次，用简明扼要的词语概括每个段落层次的内容；最后，按照一定的逻辑顺序，将这些概括性词语正确地排列组合起来。提纲可以由师生共同编列，也可由学生单独编拟；可在课内讲习、练习时结合教读进行，也可在课内外自读时进行，还可作为课外预习、复习的作业安排。

3. 摘抄法

抄摘法，也叫摘记、摘抄，是有选择而又扼要地抄写摘录的一种练习方法。抄摘实际上就是抄读。抄读就是边抄边读。前人治学，重视抄读，他们认为抄读的益处不仅在于积累资料，还有促进注意和强化记忆的效果。抄摘种类也有很多。从范围分，有全文（多是短篇）抄录、片段摘要、语句摘抄、词语抄写等。从内容分，有精美诗文抄录、优美描写摘要、名言警句摘抄、重要词语抄写。从形式分，有课堂笔记、课后作业、课外读书笔记等。教师指导学生运用抄摘法，一要使学生养成随手抄摘、工整书写的习惯；二要让学生多读多抄、边抄摘边思考；三是组织全班性抄摘活动，如由学生在黑板上开辟“名言角”“每日一句”等专栏，举行班级抄摘比赛等；四是要求学生设计并开展各种课外抄摘活动，如做名言警句书签、编图文并茂的文萃册等。

4. 作业法

作业法是指教师为了巩固、深化和提高教学效果而给学生布置学习任务，要求学生限时完成的一种教学方法。作业一般在教完新课后集中进行，可在课内，也可在课外，和其他教学方法交叉进行。它的形式多种多样。从表达形式分，有口头作业、书面作业。从训练方式分，有朗读、背诵、复述、听写、抄写、组词、造句、解释词语、分析句子、编列提纲、回答课文内容或形式方面的问题等。运用作业法，要加强科学性，讲求实效。

（五）观察法

观察法是教师指导学生运用自己的视听器官，直接感知客观事物，增强感性认识的直观教学方法。一般来说，人主要靠视听觉摄取信息。实验表明，人的各种感官所获知识的比例，视听共占 94%，而其中视觉占 83%。观察是人的智力活动的起始，是人认识世界、将物象转化为表象的桥梁。

观察法包括观摩、演示、参观等具体方法。

1. 观摩法

观摩法即组织学生观看利用幻灯、投影、电视录像、教学电影等电教媒体展现的与教学有关的内容，从而增强感性体验，深入理解教材内容的一种方法。运用观摩法要注意，一是要求教师学会操作一般电化教具，并学做教学幻灯、投影片；二要认真组织和指导学生观摩，做到事前明确要求，观摩过程中插入解说指导，事后进行讨论和总结，使观摩的过程成为一个完整的教学过程。

2. 演示法

演示法是指利用教学卡片、挂图、实物、标本和模型等教具辅助教学的一种方法。教师运用演示法，特别注意教具出示和收取的适时性，要紧密配合教学需要，指导学生及时细致观察，不能顾此失彼，分散学生注意力。

3. 参观法

参观法是指配合教学概要，组织学生到一定场所参观访问，以增加感性认识，深化对课文的理解，获取作文素材的一种方法。教师运用参观法，一要确定参观目的，制订参观计划，明确参观要求；二要严密组织，具体指导，要求学生作好参观记录；三要指导学生整理参观笔记，组织讨论、座谈，写观后感或写作预定的有关作文，把感性认识上升到理性认识。

第三章　语文深度教学理论

第一节　语文深度教学及其特征

深度教学并不追求教学内容的深度和难度，并非教学内容越深越好。与之相对应的是表层教学，表层教学过于关注知识的传授，对知识、课程的理解往往局限在事实取向层面，知识的内在构成要素被分割，符号表征被看作知识的全部，知识的假定性意义被认为是理所当然地要加以接受，知识教学的丰富价值未能得到应有的体现。当前语文课堂教学的弊端和问题众多，其中一大问题就是缺乏深度。缺乏深度的教学直接导致学生体验不深切、思维不深入、理解不深透，自然难以对学生的学习与发展产生深远的影响。[①]

一、语文深度教学的意涵

在我国语文教育界，存在与“语文深度教学”相类似的一个概念，即“深度语文”。深度语文是干国祥、王东开、魏智渊、郭初阳等新生代语文教学名师基于传统语文教育存在肤浅化、世俗化的现状而提出的一种教育理念。干国祥认为“深入语文”就是“经由思抵达诗”。“思”即思维、思考。诗，则指的是语文本身所具有的诗性，也是语文教学应该达到的一种理想状态。王东开提出：“深度语文的‘深度’，不是简单地追求深奥和深刻，而是立足于学生的认知水平，紧扣文本，在教学中不断地遮蔽、去蔽，再遮蔽、再去蔽。对学生进行思维训练和智力挑战，使文本的存在意义不断涌现，让学生时时刻刻都能发现和创造快乐，不断获得学习的高峰体验，努力追求学生可能达到的最大的认知高度，以此破除肤浅和平庸的学习所带来的倦怠感。”魏智渊对“深度语文”的理解体现于其课堂实录集《语文课》中的一段话：“每一节语文课，都是一次奇妙的语言之旅、思维之旅。没有人拥有真理，我们从各自的理解出发，走向精神的共鸣；我们越过喧哗

① 盛晓芸．基于语文文化性的深度教学策略探究 [J]. 作文，2024（20）：19-20.

与骚动，走向更广阔的未知之境。我们共同生活在语文的深度里。”作为一种教育理念，深度语文强调对文本的深层解读，从而实现提升语文教学思维、培育精神的功能。深度语文倡导者发现了我国语文教学存在的根本性问题，从现状反思中提出了深度语文的理念，并在课堂教学中进行操作化实践，这对改进语文课堂教学质量具有重要的现实意义。

“语文深度教学”不同于“深度语文”，它是基于新的语文知识观，针对传统语文课堂教学过于注重表层的符号教学而提出来的一种教学理念。那么语文深度教学倡导什么样的理念，其深层次内涵到底是什么呢？语文深度教学，是指语文教师深入挖掘语文教材中知识内涵的丰富价值，带领学生超越表层的语文知识符号学习，进入语文知识的内在逻辑形式和意义深度，实现语文教学对学生的发展性价值，进而使学生通过语文课程的学习获得知识、发展能力、形成价值观。

（一）关注语文素养，提升学生语言能力、发展思维品质与养成良好品性

从价值取向看，语文深度教学关注学生语文素养的发展。语文素养本质上是在一定语言能力提升的基础上解决复杂问题的能力以及生成的文化意识和科学价值观，这并不能通过老师的单向度讲授和学生简单的学习而获得，需要学生在真实的语言情境中通过知识与经验的交融，理智与情感的互动，思想与心灵的碰撞逐渐地自主建构起来。深度教学是克服对知识的表层学习、表面学习和表演学习，以及对知识的简单占有和机械训练的局限性，基于知识的内在结构，通过对知识完整深刻的处理，引导学生从符号学习走向学科思想和意义系统的理解和掌握，并导向学科素养的教学。语文学科的性质决定了语文教学必须着眼于全体学生听、说、读、写四个方面的能力和良好思维品质与健全人格的养成。语文深度教学不是无限地增加语文知识的难度和知识量，而是强调通过对语文知识的深度处理引导学生到达一定的学习深度，使学生掌握知识符号的同时，提升语言能力，发展思维品质，养成良好的品性。

传统语文所提倡的“堂堂清”，“要‘清’的只可能是知识点，知识的‘力量’没有在学生身上得到真实的体现，这种单面的对象化教学为了知识而进行知识教学，无论用什么方式方法进行教学，其教学的本质都是‘灌输’，其教学价值都是功利性的。”然而，有深度的语文课堂教学，通过对语文知识的处理，学生学习

的意义感、自我感、效能感得到体现，从而引起学生身心素质发生实质性的变化和发展。它超越功利性或工具性的应试诉求，忠诚于教育的本质追求，切实体现“育人为本”的教育价值取向，完整达成培养全面发展的学生的教学目标。

（二）挖掘语文知识的文化内涵和价值意蕴，引导学生深度学习

语文课程属于母语课程的范畴。语言离不开符号，符号是语言的载体；语言更离不开文化，语言是文化的载体，文化是语言的内核。从语言形式来看，任何一种语言都由一定的语音、词汇、语法、句式等组成，而特定的语音、词汇、语法、句式隐含着一定的文化内涵和价值观念。从语言形成过程看，任何一种语言的产生与发展都是一定语言思维方式、文化价值观念，甚至文化生活方式的反映。而从教育学的立场理解作为母语学习的语文学习，它不仅是民族文化理解、交流和传承的过程，还是民族思维方式、审美情趣和价值观念形成和发展的过程。语文课程对继承和弘扬中华优秀传统文化、革命文化、社会主义先进文化，培养文化自信，推动文化的创新发展，具有不可替代的作用，并要求语文课程应该引导学生自觉继承中华优秀传统文化和革命文化，吸收世界各民族文化精华，积极参与中国特色社会主义先进文化的建设与传播。如果语文课程与教学仅仅停留于语言符号知识的学习，忽视文化的学习、理解与创造，只会导致语文学习趋于浅层化与表层化。

我国传统的语文教学片面强调语言及语法知识的教学，忽视语言所依存的文化背景、文化思维方式以及文化价值观的教育。语文深度教学追求实现知识的内在发展价值，强调语文学习的本质是一种基于语言知识学习的文化学习。因此，教学过程应深入挖掘语文知识内含的文化因子与价值意蕴，引导学生对语文知识进行层进式和沉浸式的深度学习。语文深度学习涉及学生在语文学习活动中的投入程度、认知过程、情感状态以及思维发展。从学习投入来看，学生有充分的学习投入和较高的参与度，其学习过程完整而丰富。从认知过程来看，学生的语文学习过程不是停留在知道、领会等浅层次的对语言符号的简单提取和机械记忆，而是通过对具体文本作深入的文化理解与分析，进入较高层次的应用、分析、评价和创造等相对复杂的高阶思维活动，探究知识的文化思想、文化精髓、文化差异和文化思维方式，从而真正体现语文课程对学生的文化影响力，真正达成“以文化人”的目的。

（三）着眼于对语文知识的深度处理，强调教师的深度教导

教学是由教师的“教”和学生的“学”组成的不可分割的整体。学生的深度学习与教师的深度教导具有密切的关联性。语文课堂上，学生真正意义上的深度学习必须通过教师的深度教导才能实现。教师的教导是如何引起和促进学生的深度学习的？我国古代将教师教导的功能定位为“传道、授业、解惑”。到了近现代，教师成为知识的传授者，教导行为则沦为了单纯地传递甚至灌输知识的行为。因此，学生的学习行为也就变成了记住教师所教的基础知识。所有这些知识都只是语文知识系统中的符号。事实上，最有价值的知识是知识所内含的意义、思想和方法。教师的浅层教导无法抵达知识的内核，更无法引导学生进行真正的深度学习。

语文深度教学强调教师的深度教导。而教师的深度教导首先建立在正确的知识观基础上。广大语文教师应超越传统的静态的、确定性、符号化的知识观，认识和理解语文知识的文化属性、情感特性和价值内涵。在具体的语文教学中，对知识进行深度处理，不仅重视对学生的语言训练和学习方法的指导，而且注重分析和揭示语言文本中的文化内涵、情感要素和价值观念。文化回应性教学、理解性教学、问题导向教学、主题式教学、情感教学等都可以成为语文深度教导的重要策略和方法。

二、语文深度教学的特征

语文深度教学是对传统语文教学的超越，它反对语文教学的功利化取向，摒弃语文知识的强制灌输和强化训练，强调教学应关注学生的生活经历和生存处境，重视挖掘语文知识内在的意蕴与学生个体世界的关联。与传统语文教学相比，语文深度教学具有以下几个方面的特征。

（一）发展取向的目标定位

从教学目标看，语文深度教学是一种发展取向的目标定位。促进学生发展，是语文教学的终极目标，也是语文课程与教学改革的价值支柱。什么是发展？通俗地讲，发展性即改变性，是指语文教学所引起学生身心多方面发生的结构性变化，使学生获得终身发展所必备的语文学科核心素养。语文深度教学重视建立知识与学生发展、学习与学生发展的关系，促进学生在语言运用、思维提升、审美

鉴赏、情感品质、文化理解等方面发生实质性的成长与优化。作为一门母语课程，语文教学的发展性是指使学生“成为有文化的中国人”，即使学生通过语文课程学习对自我作为中华儿女的民族身份的一种生成与确认。语文深度教学的发展性目标在于以下两个方面：一方面，通过人类知识的传承，习得并占有人类文化成果，引导学生获得人类文化的本质和内容，达到人类和中华民族文化的同一性，进而使学生具有中国人的文化本质和文化属性；另一方面，通过语文教学引导学生发展自我，提升自我的语言、思维、审美能力，丰富精神世界、提升精神境界。

当前的语文课堂尽管教学模式越来越多样，教学设备越来越先进，但依然很难在师生之间形成真正的情感交流、思维碰撞和心灵沟通。这样的课堂即使能够教给学生很多表层知识，教会学生很多答题技巧，帮助学生取得不错的考试分数，但学生还是学得唉声叹气，脸上堆满的是厌倦和无奈，失去了对课堂的那份期待和向往。何以至此？答案便是：学生觉得没有“意义”。这样的教学没有立足于学生未来发展的需要，只是以掌握系统的知识体系为教学目标，以学生的学业考试成绩为教学“指挥棒”，教学过程只是表层的语文符号知识的传授活动。这种传授活动，往往注重对课文进行分解，由字根至词根，由词至句子成分，再到段落大意、中心思想，让学生获得文字所承载的段落大意、主要内容。这种浅层次的符号知识教学，严重忽视了文本背后的内在神韵，忽视了文本内蕴的丰富的思维深度和人文价值。

语文深度教学不仅要考虑学生在认知领域内应达到的水平，而且要考虑在获得语文知识的过程中，学生在价值观、态度、情感、行为调节和交往方面应发生的变化；不仅应关注学生在现实情况下应达到的水准，还应关注对他们的未来发展产生的深刻影响。也就是说，语文深度教学从学生的生成与发展出发，围绕学生语文知识的获得、语文能力的提升、语文学习品质的养成和语文核心价值观的形成来处理知识问题和开展教学活动。它超越功利主义的目标限制，不再只是把关注的目光紧紧锁定在学生的考试成绩、班级的考试排名、学校的升学率等方面，而是更多地关注学生的发展与幸福，克服死记硬背、机械学习、只重结果不重过程的弊端。它深入地挖掘语文教材中所蕴含的智力价值、审美价值和文化价值，并把它们和学生的发展联系起来，促进学生语言能力的生成、思维品质的发展、文化意识的觉醒以及学习品质的提升。

（二）注重与学生生活世界的联结

从教学内容看，语文深度教学注重与学生生活世界的联系。以往的语文课堂教学，要么过分强调语文的工具性，将树人、育人为宗旨的基础教育沦为一种高度工具化、技术化的训练，要么过分强调思想性，将人的个体体验和需要湮没在社会公共情感、公共话语之中，滋生“假大空”的话语体系。语文从生命开始，与生活同行。语文新课标在课程基本理念“正确把握语文教育的特点”中指出：语文是实践性很强的课程，应着力培养学生的语文实践能力，而培养这种能力的主要途径也应是语文实践。语文是母语教育的课程，学习资源和实践机会无处不在，无时不有。因而，应该让学生更多地接触语文材料，在大量的语文实践中掌握运用语文的规律。语文的外延与生活的外延相等。叶圣陶先生曾说：“人既然生活在社会里，社会里既然有这么一种文字，作为交流经验思想情感的工具，若不能凭文字吸收人家的经验思想感情，用文字发表自己的经验思想情感，吃亏之大是不必说的。”因此，语文教学应当与生活紧密相连，“建立起书本知识与现实背景、学生生活体验和人生体验的内在联系，开展现实的回应、生活的回应”。

课堂教学的深度首先取决于教师对学科教材的理解深度以及教学内容本身的品质。语文深度教学不再把语文知识看作一成不变的、静态的、线性的知识体系，而是视之为一种经验性、实践性存在。正如当代课程论专家派纳认为的，课程是个体履历经验的重组，是学生生活世界独有的东西，学校在教学内容的选择上绝对不能局限于系统化的书本知识，而要关照个体作为“具体的活生生的存在”的生活经验。如教师在指导学生学习史铁生的《秋天的怀念》这篇课文时，不仅要让学生明白课文表达的是作者对母亲的怀念之情，还要与实际生活结合，让学生回忆在日常生活中母亲对自己的爱，明白母亲的不易与伟大，从而更懂得孝敬、尊重自己的母亲。语文深度教学突破了以往那种封闭的教学内容选择，在教学过程中结合具体课文，善于举例，善于联系实际，关注学生的生活经历和生存处境，联系知识产生的特定生活背景和学生的生活经验，挖掘知识内在的意蕴与学生个体世界的交合点，帮助学生从文字中窥视灵魂，从文字中体验人生，从文字中丰富情感，使学生展开对自然、社会和人生的更为深刻的认识和思考，从而实现知识的“假定性意义”向“个体性意义”的转化。在语文深度教学中，教师应充分把握教学内容，以符合学生心理的生活化、情境化、具象化教学原理为指导，使语文从“应试语文”“课堂语文”走向“生活语文”。

（三）对话中心的方式选择

从教学方式看，语文深度教学是一种以对话为中心的教学。课程标准明确指出：阅读教学是学生、教师、教科书编者、文本之间对话的过程。语文深度教学是师生间围绕语文课程展开的一种对话活动，师生之间的平等参与、共同配合至关重要，是促进整个教学活动真正发生并产生效果的核心要素。它超越了“传递中心”的藩篱，走向真正意义上的“对话中心”。以对话为中心的语文教学将教学置于各种关系之中：教师与学生的关系、师生与文本的关系、师生与教学环境的关系、教师和其他教师的关系、师生与教学管理者的关系等。教学从一元主体走向多元主体，而多元主体之间的对话，使教学过程不再单调和沉闷，而出现一种“复调式的对话”，即“师本”对话、“生本”对话、师生对话等，从而使教学过程走向丰富和发展。

对话有助于人们消除分歧、克服偏见、达成共识，不仅是人们情感交流的基本形式，还是人们意义分享、价值建构的重要方式。语文对话不是简单的交流、交谈，而是面向学习者的语文知识获得、语文能力生成、语文素养发展的一场思想交流、人际交往活动。在深度教学中，师生可以围绕生活进行对话，围绕思想问题与情感问题展开交流，可以围绕自己感兴趣的话题展开讨论。在交流中，师生能够进入语言世界，进入语言所表达的那个生活世界和作者的心灵世界，实现作者与文本之间的对话，达成对他人、对外物的理解。教学对话是语文教学的主要形式，是学生与语文教师之间实现认识、精神、价值互构的基本途径，对话精神是语文教学活动科学化的精髓，善于围绕生活世界开展以语言为媒介的对话，是语文教学活动的实质。只有通过对话，教师才能突破从书本到书本、从符号到符号、从教师到学生之间单向、线性的知识灌输倾向，不仅带给师生理性思维、语言感受，还有情感体验、意义领悟。在以对话为中心的语文教学视野下，学生的知识学习不再是消极、被动的过程，而是在与教师、同伴、文本及自我的平等对话与深切交流中不断对所学的知识进行理解和内化，从而生成新的个体化知识和意义理解的过程。由此，学生得到的不再是僵硬、固化的符号知识，而是从中获得健康的审美情趣、高尚的语文素养、纯真的品质和正确的价值观念。对话是教学的存在方式，通过对话可实现学生的知识理解、情感交流、价值升华和意义创生。这些正是学生知识学习深入意义的重要表现。

（四）学习过程的深层体验

从学习过程来看，语文深度教学是一种强调过程体验的教学。这种过程体验，不仅能够促成学生情感态度价值观的养成，而且有利于学生语文学习兴趣的激发。苏霍姆林斯基在《给教师的建议》一书中写道：让学生体验到一种自己在亲身参与掌握知识的情感，乃是唤起少年特有的对知识的兴趣的重要条件。的确，当一个人在认识自我的时候，就能形成兴趣，这种自我肯定的体验，能够产生对知识的真正兴趣。“当一个人对某些知识现象产生强烈的欲望与感情时，容易产生与此相关的想象，其越丰富，想象就越活跃，思维创造性也能得以充分发挥。”因此，教学要特别重视知识的熏陶感染，注重知识内在价值的向导作用。从知识的内在价值来看，语文知识的意义获得，强调它对学生内心成长、个性养成、品格提升等的功能。学生通过接收语文材料，能够感受到字里行间的人物、事件、景色、数据中表达出的思想、情感、道德、事理，或者真善美、假丑恶的影响。

语文文本知识蕴含着丰富的人文内涵，教学的深度应该通过语文知识所具有的内涵与学生的思想相碰撞，尊重学生的多元反应，鼓励学生不唯书、不唯师，肯定每一位学生的独特感受，进而使学生的情感得到升华、心灵得到净化。在语文教学过程中，教师充分考虑学生的生活经历和个性差异，找出知识的内在意蕴与学生生活世界的关联，引导学生通过知识理解建立起学生与外部世界的内在联系，使学生对社会、自然、生活有更深度的思考，进而使情感得到升华，思想得到熏陶，个性生命得到成长，心灵得到浸润。学生在掌握客观知识基础上，基于个人生命和生活体验，在理解、体验和探究的基础上自主建构的个人知识，并成为他处事的价值观和方法论，这样，学生不仅获得了“关于世界的知识”，而且建立了“进入世界的知识”。总之，语文深度教学不仅强调语文知识的系统学习，还重视通过挖掘知识内涵，为学生提供精神的养料，从而使学生在语文知识的学习中获得积极的人生体验，从语文知识的学习中领悟到人生的真谛和做人的道理，从语文知识的学习中得到思想的启迪和观念的解放，在语文知识的学习中解决一个又一个生活的疑问和困惑。由此，学生的知识学习过程不再是枯燥乏味又痛苦的事情，而是充满意义与欢乐的旅程。

第二节 语文深度教学的基本准则

深化语文课程教学改革必须辩证地处理好教学过程中的文史关系、文道关系和人文关系，以发展学生的语文能力和人文素养为重点，全面提高语文教学质量。深度教学视域下的语文教学强调文史一体、文道结合、人文互动，从而使语文教学走向深入，促进学生语文素养的全面发展。

一、文史一体

“文史不分家”是文化界的共识。“文”指的是文学，“史”指的是史学，文学和史学有内在的关联。无论是作家的文学创作，还是读者的文学鉴赏，都需要一定的历史知识作支撑。语文教学中学生对文本的深度理解与鉴赏，同样建立在对一定历史背景、历史事件和历史人物的了解的基础上。“文史一体”是语文深度教学的基本价值取向之一。①

二、文道结合

语文教科书中的选文都是教材编写者精挑细选的，无论是从内容上还是从形式上看都是上乘之作。学生学习这些作品，不仅有助于提高语文能力，而且有利于提升思想境界、道德品质和人格修养。真正有深度的语文教学在文与道的关系处理上不对立、不偏颇，文中有道、文中有文，文道结合。

三、人文互动

语文教学中的人文关系较为复杂。如何处理教学中的人与文的关系，是语文教学的重点，也是难点。深度教学视域下语文教学的人文关系，不仅是人与文本的关系，而且是人与文化的关系。通过“人—文”之间的互动，建立学生与文本的意义关联，实现学生能力的提升、德行的养成和精神的成长。

（一）“人—文”互动的实质

最早论述“人—文”关系的是我国古代文学批评理论的“文如其人”之说，

① 谢晓玉．拓展语文课堂，提高深度教学力 [J]. 河南教育（教师教育），2024（7）：70.

该学说主要讨论作者与文章的关系问题。从已有资料可知，“文如其人”这一命题最早见于苏轼的《答张文潜书》一文，文中指出：“其为人深不愿人知之，其文如其为人。”意思就是虽然一个人的品行为人可以深藏不露，但是我们从他的文章中就能看出他的道德品行。南北朝文学理论家刘勰则在《文心雕龙·体性》中提道：“吐纳英华，莫非性情。”刘勰认为，人与文具有内在的一致性，不同性情的人，写出的文章风格也必定不同，从文章的风貌特色上可以窥见作者的性格、情致和品行。之后，人们对“文如其人”的内涵论述虽有变化，但都包含有对人品与文品关系的判断。文品指的是文章的品级、格调，人品指的是作者的品行、情操。如果文章反映的思想内涵、品级格调与作家个人的人品、情操大体相符，就是文品和人品的统一。读这些人的作品，犹如看到了作者本人的风貌。古今中外很多文学家做到了文品和人品的统一，不仅他们的作品闻名于世，而且其人品也为后人所称道。当然，也存在人品与文品割裂的现象。一些文人的作品高举友善、悲悯、公正、道义的旗帜，但他们的个人生活却充斥着虚伪、冷血和自私。

语文教学中的人文关系不仅指作者与文章的关系，还强调人与文的对话、交流与互动，倡导人与文之间建立的关系。人们普遍认为，语文教学中的人包括四种：学生、教师、作者与文本人物。当然，师生与作者、人物的对话，不是与实体的人进行日常交流，而是通过阅读文本材料实现的。从某种意义上说，也是作为“人”的师生与作为“文”的文本对话的过程。

“人—文”的关系，表面上是人与文本（文章）的关系，实质上是人与文化的关系。因为，文本（文章）的表层是文字符号，其内核是思想、是文化，是民族文化、社会文化和人类文化的体现。作为个体的自然生命的人的社会化和个性化的过程，就是使个体不断地成为占有社会文化的社会意义的、文化意义上的人的过程，就是使个体“人化”和“文化”的过程。因此，人文互动的过程就是以文化理解为基础的文化同化的过程，就是作为个体的人认识、理解、习得，甚至参与创造文化的过程。德国文化教育学家斯普朗格把个人与文化的这种关系称作“生动的循环”。斯普朗格认为，个人只有习得和具有了作为文化形式的“团体精神、客观精神、规范精神、人格精神”，才能成为一个真正的人。从这个意义上说，语文教学中的“人—文”互动的过程实质就是使人（学生）进入文化的过程，是促进个体精神发育的过程。基于这一过程，人的生命不再仅仅具有自然生命属性，还具有社会生命属性和文化生命属性。

（二）“人—文”互动的前提条件

深度教学视野下的语文教学不是知识传递的过程，而是人文互动的过程。语文教科书中的一篇篇课文本身就是文化的形式，因而学生与语文课文（文本）的相遇即是与文化的相遇。学生与文化的相遇，一方面通过以文本为载体的文化学习积极地走近人类文化，促进思维发展与提升，进行审美鉴赏与创造，实现文化理解与认同，另一方面通过认识和内化文化的价值，实现与文化的生动循环，促成个体的文化理解与精神成长。

“人—文”互动的根本前提是建立文本与学生的发展之间的意义关系。文本对于学生而言，不应是一种学习对象的存在，而是一种意义的存在，能够促进其发展的意义存在。对学生发展而言，以语文课文和相关阅读材料为主的文本是一种“意义领域”，蕴含着对人的生成的社会意义、精神旨趣和文化意蕴。语文教学的发展性，强调的是教师要站在学生发展的角度理解文本和处理文本，挖掘文本蕴含的思想内涵、文化意义、情感意蕴，实现文本对学生社会生命、文化生命生长的意义和价值，即确立语文教学的育人导向功能。从文学创作的视角看，文本是作家通过艺术加工而创作出来的可供读者欣赏的精神产品。这种创造性的精神活动是人类价值生长的过程，赋予人类生存的意义，也是人类文化的镜子，照耀着人类的行为和灵魂。语文课堂上学生学习的课文及其他阅读文本对于学生精神发展具有重要价值。语文深度教学追求文本的发展价值，重视挖掘并实现文本对于学生发展的意义。

教材中的文章或文学作品是文化的重要组成部分，生动形象地记录着文化的变迁与演进，反映着国人的文化人格与精神。语文教材选编了一大批体现传统文化的课文，如古代诗词、古典名著、寓言故事、神话传说等，直接体现中华优秀传统文化，还有介绍各民族民风民俗，介绍我国古代文学、艺术等文化成就，介绍中国世界文化遗产等文本。教师应充分利用教材，挖掘其中的文化因子，拓展文化资源。例如，教授《两茎灯草》时，教师可以从为什么是“三人”猜测严监生的手指头的用意入手，渗透“三”的文化，拓展出“三”在中国文化中的特殊意蕴，如“三才者，天地人。三光者，日月星”“孟母三迁”“三顾茅庐”“事不过三”等。这样的教学方法既让严监生这一典型的吝啬鬼形象跃然纸上，又让学生感受中华文化的魅力。再如，教师在讲授《枫桥夜泊》时，可拓展钟声文化，讲授王维的《送元二使安西》一诗时，则可渗透送别文化等。即便是《月球之谜》

这类说明文，也能上出文化味来。教师在教学时，可以在引导学生认识一定的月球知识，培养科学探索精神的基础上，渗透中国特有的明月文化。语文教材中的文化专题单元，语文园地中的“日积月累”等，都是进行“人—文”互动，促进学生文化素养发展的较好资源。

著名特级教师王崧舟曾经说过，要使你的课高屋建瓴，必须用文化的眼光去解读文本。上语文公开课，就要有文化的感觉，上出有文化的语文课。语文教师必须拥有文化意识，形成选择文化、传承文化的自觉，让语文教学更加丰满，让文化在语文中站立起来，在人文互动中培植学生的文化自信。

（三）人文互动的实现

促进学生与文本的相遇是语文教学实现育人价值的逻辑起点。语文学习的过程是学生与文本相遇的过程，而学生与文本的相遇本质上是学生与文化的相遇。这一相遇过程包括学生与文本创作者（作者）的相遇、学生与文本人物的相遇。

语文教学中的文本类型多样，但以文学文本居多。文学创作是一项复杂的精神生产活动，是作者对外部世界的认知与体验，是其内心情志的真实流露，也是其理想、志向、愿望、思想的表现。文学作品必然带有作者的心路历程、个性色彩、精神风貌和个性品质，是作者基于个人的生命体验、个体经验和思想情感创作的文本。但在教学中作者只是作为隐性对话者的身份出现，师生只能通过文本与作者对话、交流。鉴于作者与文本的关系，在解读文本时，我们需要了解作者的生平经历、个性特点，从而达到读者文本解读与作者文本创作视域融合的效果。从某种意义上说，解读文本就是与作者对话、与大师交谈。

除了与作者的相遇外，还涉及与文本人物的相遇。许多经典的文学作品塑造了各种各样的典型人物，其外貌特征、行为活动、个性品质等都是作者通过精妙的语言和独特的艺术加工进行描写和刻画的。师生阅读这些文学作品，通过对文本语言的品味与揣摩，与作品人物的相遇，从而产生情感体验、思想观念或人生启迪。

从语文教学的角度看，构成人文互动“生动循环”关系的重要中介是语文教师。教师充当的不是应试的工具，也不是解读文本的机器，而是引导学生进行人文互动的助推者、牵引者。在教学活动之前，教师首先要进行与文本的第一次“相遇”，结合自己的生命体验去理解和揣摩文本中的人物乃至文本作者的情感和思想，让“己意”与作者之“本意”达成沟通。而作为教育者，教师在教学活动中还要敏锐感知和有效开发文本所蕴含的文化意蕴及其文化育人价值，引导学生更好地与文本、与同伴、与教师、与自我相遇和对话。当然，要实现人文互动还要正确理解学生的地位和作用。学生不是语文知识的接受者，也不是语文内容的存储器，而是具有生命价值和意蕴的人，是人文互动中的主体。学生首先是一个人，是一个具有多元文化特质的文化主体。学生本身就是文化的存在者，从出生之日起，就被所属民族文化、特定地域文化所影响与投射。教师需要带领学生以文化主体的身份，充分挖掘教材中的文化要素展开文化理解、交往与转化创造的实践活动，这是教师带领学生与文本的第二次“相遇”。

第三节　语文深度教学实施的价值

在知识经济时代，知识的价值十分显赫。教师往往试图通过让学生在最短的时间内掌握尽可能多的语文知识，让学生通过认识世界的知识从而去改造世界。于是，教育活动围绕“有用”“高效”来展开，仅仅重视知识训练的单面教学，教学目标单一，学生的语文核心素养得不到发展。语文深度教学着力于提升课堂的教育涵养，切实转变学生观、知识观、教学观、质量观，引导学生进行深度学习。语文深度教学的追求主要体现在以下几个方面。

一、提升语文教学的内在品质

品质即事物内在的价值特质，是事物内含的、固有的属性所表现出来的一种理想状态。课堂教学品质则是课堂教学主体、结构、内容、方式、环境等相互作用所表现出来的一种理想样态。品质与质量相关，有品质的教学必定是高质量的教学。因此，提升教学品质是教师追求教学质量的必然选择。相比于传统的语文教学，当前的语文课堂发生了很大的改变，教学质量也有所提升，但是存在的问题依然不容忽视。进入语文教学场域，不难发现“字、词、句、篇、语、修、逻、文”的层层分析依然备受语文教师的“青睐”，广大语文教师过于追求内容的精确、方法的一致和标准的唯一，背诵记忆、机械训练、题海战术在语文课堂中“大行其道”，使得语文课程的人文性、情感性和审美意蕴消失殆尽，语文学科能力、学科思想等关键目标难以实现，更不用谈语文课堂的发展性品质。语文深度教学致力于提升语文课堂的教育涵养，它从以下几方面出发，提升了课堂教学的品质。[①]

首先，语文深度教学转变了传统知识观，使知识观由静态转向动态。静态知识观把知识作为人类认识的成果，是客观事物的属性与联系的反映，是客观事物的主观映像。它具有客观性、绝对性、终极性、中立性、实证性、确定性、普遍性和一致性等性质，其中客观性、中立性、确定性和普遍性是其基本性质。而动态知识观用发展和变化的观点把握知识的本质和性质。一方面，动态知识观不再把语文知识看作一成不变、确定的永恒真理，注重把握语文知识对于不同学生的个体差异性和不确定性，因此不同的学生对于一样的语文知识会有不一样的意义解读；另一方面，动态知识观深入挖掘语文知识对学生身心成长的内在意义。作为教学活动的主体，学生在学习过程中时刻需要寻求自我与语文知识之间的意义联系，并不断地通过认知过程和情意过程，追求和创造学习内容、学习过程对自我生长的意义，从而获得不仅是“关于世界的知识”，还建立了“进入世界的知识”。其次，语文深度教学转变了传统的教学价值取向，由“价值中立”转向“价值负载”。在近代科学世界观和科学认识论的影响下，很多教师秉持事实与价值分离的教学价值取向，将知识定位为对客体的“镜式反映”，把学生当作事实性的理性存在，在知识教学中排斥个体性判断和价值性理解。在他们看来，客观存在和事实是价值无涉的，从客观存在和事实中不可能推出价值判断和命题。所以，他们认为价值中立不仅是获取知识的前提条件，还是教学的根本品质与特质。这种客观主义的教学逻辑使广大教师在教学过程中一味地追求知识的客观性与中立性，专注于教给学生大量的事实性知识，拒斥与之相关的情感、道德、文化、价值观的因素，使教学表现出“去价值”“去道德”等特征。世界上从来没有也不可能存在一种价值中立的教学活动，尤其是语文学科，它具有极强的人文性。因此，语文深度教学超越传统工具理性的局限，在价值取向上从“价值中立”走向“价值负载”，注重教学活动的人文关怀和价值引导，注重语文知识背后的人生价值和生活意义的诠释，深入学生的内心世界、情感域和价值结构之中建构学生完满的精神世界。这些都有利于提升语文课堂教学的品质。

语文深度教学超越了传统的教师观，由知识传递者转向价值引导者。传统的语文课堂教学模式，虽然能让学生快速全面地掌握系统的语文书本知识，但是严重

① 王淑婷．深度教学理念下语文群文阅读教学研究 [D]. 扬州：扬州大学，2023：12-13.

忽视了对学生价值观的引导，忽视学生在语文知识学习过程中个体化的情感体验和意义生成。学生作为教学活动的被动接受者，只是接受和记忆教师传递过来的那些所谓重要的语文知识。在语文深度教学下，教师一言堂的状况逐渐让位于师生之间、生生之间的“对话”，学生的思想和对课文价值取向的独特体悟得到表达和交流，传统教学中的价值灌输正在让位于学生个体化的领悟。正如建构主义理论所指出的那样，学生并不是空着脑袋走进教室的，面对课堂上所有的东西，学生都“有话要说”。有深度的语文课堂尊重学生说话的权利，提供给学生说话的机会，使得学生具有极强的自主性。因此，学生在课堂学习中对语文知识所蕴含的价值取向难免会偏离正常的范围。这就需要教师从知识传递者转变为价值引导者，发现学生学习生活中的情感矛盾和价值冲突时，引导学生进行分析、比较、判断和选择，促成学生对语文知识的逻辑要素和意义系统的转化，使学生形成正确的情感态度和语文价值观。从这一方面看，语文深度教学也促进了语文课堂的教育涵养和教学品质。

二、促进学生语文素养的生成

“素养”一词是 21 世纪教育界的热门词汇。21 世纪初，经济合作与发展组织提出了“核心素养”的概念，2014 年教育部印发的《关于全面深化课程改革落实立德树人根本任务的意见》中“核心素养”被置于深化课程改革、落实立德树人目标的基础地位。而在语文课程中，《义务教育语文课程标准（2022 年版）》则是“围绕核心素养，体现课程性质，反映课程理念，确立课程目标”。在课程目标部分，明确提出了“文化自信、语言运用、思维能力和审美创造”四大语文学科核心素养。在“基本理念”部分强调“以核心素养为本，推进语文课程深层次的改革”，并明确指出：“语文学科核心素养是学生在积极的语言实践活动中积累与构建起来，并在真实的语言运用情境中表现出来的语言能力及其品质，是学生在语文学习中获得的语言知识与语言能力，思维方法与思维品质，情感、态度与价值观的综合体现。”由此可以看出，“语文学科素养”是一个综合词汇，它的内涵十分丰富，是语文学习者在语文学习过程中积累的语文知识，培养的语感，形成的语文思维、语言文字运用能力、审美情趣以及文化理解，通过语文的视角来观察事物，用语文学科的思维、方法解决生活问题的能力。

语文学科的工具性和人文性统一的客观基础在于人的完整性，强调语言文字的工具训练与人文价值教育相结合，从而培养完整的人。这一性质要求语文课程目标要从整体出发，既要培养学生听、说、读、写等语文能力，又要重视学生在语文知识学习过程中的情感体验。学生在语文知识学习过程中，往往伴随着丰富的情感体验，尤其是理智感和成就感的不断增强。豁然开朗、成就体验甚至高峰体验激励着他们不断地探究与体验、反思与感悟，不断地挑战自我、完善自我。在这样的学习过程中，学生具有极强的学习效能，有利于发展学生的语文核心素养和关键能力。语文深度教学不把语文课本知识当成一种事实性的材料来学习和训练，而是通过满足学生人生成长的内在需要，与外部世界建立联系，从而使学生对学习内容、学习过程和学习活动方式在价值识别、价值评判和价值选择的基础上产生一种积极的情感体验，使学生全身心地投入语文课堂之中，表现出极强的学习意义感。另外，它的教学目标强调能力的培养与情感态度的养成为宗旨，围绕学生语文知识的获得、语文能力的提升、学习品质的养成和语文价值观的发展来开展教学活动。这样的课堂教学引起学生在认知、情感、技能等方面发生系统性变化，逐步认识到自我的不足，并时刻伴随着对自我的革新和改变，不仅能找到自我，还能觉醒自我、改变自我，进而引起语文核心素养和关键能力等方面发生系统性变化，语文核心素养和关键能力得到整体提升。

三、深化语文课堂教学改革

进入新世纪以来，中小学课堂教学改革研究与实践非常活跃，各种教学改革理念、策略、模式和技术层出不穷，创造了许多所谓的“新课堂”“新模式”，如“高效课堂”“翻转课堂”“三三二模式”“二四四模式”等。中小学语文教学领域亦是如此，语文教学改革的步伐从来没有停止过，出现了诸如“智慧语文”“快乐语文”“文化语文”“诗意语文”等新的语文教学理念和课堂教学改革模式。这些改革在一定程度上促进了语文教学的进步与发展，但是我们不难发现，很多改革仅仅偏重于语文的某一属性、某一目标的改变，或只是局限在少数学校、少数教师身上，有些改革看似精彩纷呈，但仅仅基于技术层面的改革或改变，语文课堂教学依然缺乏吸引力和发展的力量，这是不争的事实。大多数的语文课堂教学依然停留于“就知识讲知识”和解题能力的有效训练上，不能凸显语文学科工具性和人文性的统一，学生的语言文字应用能力难以有效提升，也难以通过语文提高道德修养、审美情趣和健全人格。所有这些反映的共同事实和问题是：当前的语文教学依然过于局限于表层的语文知识符号的教学，缺少对学生能力提升的关照和精神生活的引领。

深度教学强调为理解而教、为思想而教、为意义而教、为发展而教，不再仅仅把知识作为教学的对象，而是把学生作为教学和促进的对象，教学过程切实由以知识为中心转向以学生发展为中心。深度教学理念和实践探索坚持“育人为本”的理念，辩证地处理教学过程中的目的与手段、时间与空间、知识与能力，书本知识与生活经验、教与学等关系，重建课堂教学价值观、重组课堂教学结构、重构课堂教学文化。这为我们的语文课堂教学改革提供了一种有益的思路，有利于语文课堂教学改革的深化，有助于学生学科能力和核心素养的发展。

第四章　语文深度教学中的能力体现

第一节　语文能力的本质

早在20世纪80年代初，有识之士便注意到研究语文能力“内涵”的重要性，认为明确语文能力的内涵是实现语文教学科学化的第一步。不了解它的内涵，就无法进行科学的培养。语文教学重在培养学生的语文能力，这已成为大家的共识。但是，究竟什么是语文能力？目前似乎还没有一个明确而又科学的界说。[①]

一、“能力”概念的不同理解

什么是能力？人们对“能力”一词的理解更多来自心理学的研究，但也存在一定的差异性。《辞海》对能力的解释为：通常指完成一定活动的本领。包括一定活动的具体方式，以及顺利完成一定活动所需的心理特征。《教育大辞典》中的解释是：能力是顺利完成某种活动所需的个性心理特征。有一般能力和特殊能力之分，前者适用于多种活动要求，包括各种认识和实践；后者适用于某种专业活动要求。二者相互制约、相互促进。按其发展水平分为再造性能力和创造性能力，前者为后者之基础。个人经过进一步学习和训练而达到更高水平的可能性，称之为潜能或能力倾向。各种活动所需的心理特征在各人身上的发展程度和结合方式不同，故在能力特征上存在个别差异。心理学界从能力的定义引申出的对能力概念的理解是：第一，能力是顺利完成某种活动的主观条件；第二，能力是指主观条件中的一种心理特征；第三，能力总是和某种活动相联系并直接影响人的活动效率，能力总是存在于具体活动中并在活动中表现出来的。能力有一般能力和特殊能力之分。一般能力又称“智力”，是指人们在进行各种活动时必须具备的基本能力，如记忆力、观察力、想象力、注意力、思维能力等。特殊能力又称专门

① 刘颖．指向思维能力提升：基于学习本质的语文阅读教学路径探究[J].汉字文化，2023（2）：114–116.

能力，是顺利完成某项专门活动应必备的能力，如绘画能力、运动能力、数学能力、写作能力等。从内在构成来看，每一种能力都有一定的结构要素。例如，数学能力包括运算求解能力、抽象概括能力、推理论证能力、空间想象能力、数学应用能力等子要素。此外，一般能力和特殊能力并非独立存在，而是相互联系的。一方面，特殊能力的发展需要一般能力作为基础，如写作能力的发展建立在观察能力的基础上。另一方面，一般能力的发展也会促进特殊能力的形成，如一个人记忆能力特别强，超出了一般人的能力范围，就有可能成为记忆大师，超常记忆力就成为其特殊能力。事实上，人在完成某项活动时不是依赖某一种能力，而是多种一般能力和特殊能力共同参与的结果。例如，完成一篇文章的写作，不仅需要观察能力、想象能力、思维能力，还需要语言表达能力、谋篇布局能力等共同作用。

当然，“能力”也是一个发展的概念，它会随着社会的发展而发展。例如，在信息化时代，信息的多样性和传播信息的多渠道特点要求人们应该具有相应的能力，即信息能力。随着全球化时代的到来，国与国之间政治、经济、文化、教育交流互动增多，要求人们具有多元文化理解和跨文化交际的能力。

二、“语文能力”含义的多种解释

培养学生的语文能力是语文教学的主要任务。那么，什么是语文能力呢？对于语文能力概念的界定仁者见仁、智者见智。张鸿等人认为，语文能力就是为了顺利完成语文活动而在个人身上经常地、稳固地表现出来的心理特征。它不是指完成语文活动的具体行动方式，而是指调节这些行动方式的概括的心理活动。韩雪屏教授指出，语文能力是指个体运用祖国语言文字，在与他人进行交际的过程中，能对自己的言语实践活动（听、说、读、写）直接起稳定的调节作用的个体心理特征。以上两位学者对语文能力的看法比较相似，都强调语文能力是个体表现出来的心理特征。曹光灿教授则认为，语文能力既不是单纯的专门能力，也不是单纯的一般能力，它是一种综合能力。听、说、读、写四项语文基本活动，分别包含两种操作活动：外显的语言操作活动和内隐的心智操作活动。听与读所进行的分析词句篇章的语言释义操作，读与写所进行的组合词句篇章的语言操作，都是外显的语言操作；而读、写、听、说中所必不可少的记忆、想象、思维等智力活动和适应具体交际环境的应变能力，则属内隐的心智操作。语言操作必须具备语言操作专门能力，心智操作则应具备相应的智力与创造能力，言语交际活动是由语言操作专门能力与智力、创造能力协同完成的。鱼浦江教授指出，语文能力是一个具有多系列、多侧面、多层次的完整的结构系统，从功能上分，可以分为语言文字信息的获取能力与语言文字信息的传递能力两大类。获取信息的主要方式是听和读；传递信息的主要方式是说和写。所以，听、说、读、写是构成语文能力的四个主要子能力系统，它们之间又可以划分为若干更小的能力系统。

课程标准是学校课程的纲领性文件，教学活动开展的依据，被广大学校和教师奉为圭臬。《义务教育语文课程标准（2022 年版）》虽然没有明确的概念界定，但关于语文能力也有相关表述，如“具有正确、规范运用语言文字的意识和能力，能在具体语言情境中有效交流沟通”“思维能力是指学生在语文学习过程中的联想想象、分析比较、归纳判断等认知表现”“学生通过感受、理解、欣赏、评价语言文字及作品，获得较为丰富的审美经验，具有初步的感受美、发现美和运用语言文字表现美、创造美的能力”。而从语文素养的角度提出语文能力培养要求，强调学生在具体语言情境中正确有效地运用祖国语言文字进行交流沟通的能力，要求培养学生的直觉思维、形象思维、逻辑思维、辩证思维和创造思维等思维能力，以及一定的审美鉴赏与创造能力、文化传承与理解能力。据此，我们可以这样概括语文能力的内涵：语文能力是一个多层次、内涵丰富的概念，从本质上看，它是一种综合的语言应用能力，体现于学生的听、说、读、写四大基本语文实践活动中。

第二节　语文四大关键能力及其要素

基于不同的标准进行划分，语文能力可以分为不同的子要素系统。从内容领域划分，语文能力可分为识字写字能力、阅读能力、写作能力和口语交际能力四大子系统。从活动领域划分，语文能力可以分为听、说、读、写四大能力系统。从核心素养的角度，语文能力又可分为语言建构与运用能力、思维能力，审美鉴赏与创造能力以及文化传承与理解能力。在此，我们主要从内容领域探讨语文能力的构成及其要素。①

一、识字写字能力及其要素

识字写字能力是指个体在借助汉语拼音等工具的基础上进行拼读、认读汉字，书写、使用字词，积累词语的能力。这种能力既反映在学习拼音、识字写字、积累字词的过程中，也体现在使用拼音、汉字和对字词的掌握应用上。从识字与写字两类活动的关系来看，识字是写字的基础，写字是在识字基础上的应用与创造，反过来强化识字的效果。识字写字能力是语文学科能力的重要组成部分，是阅读与写作的基础，也是开展其他学科学习的前提条件。识字写字能力的培养既是小学语文低年级阶段的教学重点，也是贯穿整个义务教育阶段的重要教学目标。

笔者梳理关于识字写字能力的已有相关研究文献发现，较少有涉及中小学生识字写字能力结构要素的划分。清华大学附属小学窦桂梅老师带领的研究团队从识字、写字两方面，按照“正确、规范、美观”三个维度梳理出了小学阶段 12 个学期的识字、写字能力培养目标。该研究团队认为识字目标包括识字量、多音字、易错音，以及识字方法、识字习惯等具体内容，写字目标包括写字内容、写字方法、写字习惯。

（一）识字能力

识字能力是指遵循一定的汉字规律，运用一定的识字方法，充分利用汉字的形音联系、形义联系、音义联系，获得认准字音、认清字形、掌握汉字基本意义的能力。识字能力包括以下几种具体能力要素。

读准字音的能力是指能够准确地拼读音节、拼准字音，做到不看注音就能读出生字，也能够在一定的语境中以词定音或以句定音。

理解字义的能力是指能够据形析义，能够在具体的语言环境中理解、运用汉字，特别能够在词、句、篇中理解生字、生词。

运用工具书独立识字的能力是指学会使用字典、词典等工具书了解字的形、音、义，掌握生字、生词。

① 彭相文，郭飞．语文常态教学中培养学生职业关键能力的思考和实践 [J]. 河北职业教育，2024，8（2）：105-108.

（二）写字能力

写字能力是指能够在理解汉字笔画、结构、音形义关系的基础上对汉字进行规范的书写，书写出来的汉字正确、清晰、美观，并有一定的写字速度。写字能力包括以下几种能力要素。

书写规范。掌握汉字的基本笔画和常用的偏旁部首，在注意间架结构的基础上能够按笔顺规则用硬笔正确书写、笔画精准、字体稳定，书写的汉字规范、正确、美观。

书写工整、洁净。书写时行款整齐、字迹清楚，不潦草，不过多涂改，保持书面整洁。

写字姿势正确。写字时能够做到头正、肩平、身直、足安，握笔姿势正确。

写字时有一定的速度。

（三）要素

1. 语音意识

语音意识是语言学习中的基础能力之一，它涉及个体对语言中声音的识别、区分和操作。这种能力不仅包括对音节和音素的敏感性，还涉及对语音节奏、语调和重音的把握。在儿童早期语言发展中，语音意识的培养对于他们日后的阅读和拼写能力至关重要。游戏、押韵、朗读等活动可以有效地提高个体的语音意识，帮助他们更好地理解和运用语言。

2. 字形意识

字形意识则是指对文字的视觉识别和记忆能力，特别是在汉字学习中，这种能力显得尤为重要。汉字以其独特的形状和结构著称，学习者需要识别和记忆每个字的笔画、笔顺以及整体结构。这种能力的发展有助于提高书写的准确性和阅读的流畅性。通过观察、模仿和反复练习，学习者可以逐渐提高对汉字形状和结构的敏感度，从而在书写和阅读中更加得心应手。

3. 语义意识

语义意识是指个体对词语含义的理解和解释能力。这种能力不仅涉及对单个词汇意义的理解，还包括对词汇在不同语境中含义变化的把握。语义意识的发展对于语言的准确使用和有效沟通至关重要。通过阅读、讨论和写作，学习者可以不断丰富自己的词汇量，并学会在不同的语境中恰当地使用它们。

4. 语法意识

语法意识则是指掌握语言结构和语法规则。这种能力涉及对句子成分、词性、句型等语法要素的认识和运用。语法意识的培养有助于学习者构建正确的句子，表达清晰的思想。通过分析句子结构、学习语法规则和进行实际的语言运用，学习者可以逐步增强自己的语法意识，从而更加准确地使用语言进行交流。

这四种意识——语音意识、字形意识、语义意识和语法意识共同构成了语言能力的核心部分，它们相互影响，相互促进，对于语言的学习和运用至关重要。学生通过综合训练和实践，可以全面提升这些能力，从而促进自身的语言发展。

二、阅读能力及其要素

阅读能力是阅读者为了提升个人语言素养以及参与社会生活，在进行文本或非文本阅读时表现出来的文本感知与理解、分析与整合、评价与反思等综合性的个性心理特征。阅读能力是语言文字运用能力的重要组成部分，阅读能力教学是语文课程教学的重要组成部分。

（一）阅读能力的内涵

国内很多学者对学生的阅读能力进行了研究，对于阅读能力也给出了不同的定义。刘晶晶、郭元祥提出：阅读能力是指读者通过感知语言符号与已有的知识对阅读材料（字、词、句、段、篇）在理解、想象、分析、综合、判断、概括、创作的多种思维活动中学习语言、理解文意的能力，是阅读素养的外在显现。[①] 相振港在对阅读能力作出研究后提出：阅读能力，即阅读过程中个体对信息所掌握的程度，它包含从读取到的语言符号中获取正确意义的整个过程中所需要的多种能力。[②]

综合以上各种观点，笔者对阅读能力给出如下定义：阅读能力是阅读者为了提升个人语言素养以及参与社会生活，在进行文本或非文本阅读时表现出来的文本感知与理解、分析与整合、评价与反思等综合性的个性心理特征。此定义兼顾了“阅读”和“能力”所共同具有的心理过程的特征，也着重说明了阅读能力并不是一种单一的能力，而是由多种要素综合而成的复合体。在这个内涵界定中，

① 刘晶晶，郭元祥．小学语文阅读素养：内涵、构成及测量 [J]. 课程·教材·教法，2015（5）：69-75.

② 相振港．阅读能力的体系建构与命题测评 [J]. 语文建设，2021（24）：52-56.

还强调了情境的独特性。国际上很多以阅读能力为重点评价内容的大型教育质量监测项目中强调了阅读情境的重要性，挣脱了以往阅读局限于个人、局限于课堂的禁锢，关注阅读者在不同情境下进行阅读活动、完成阅读任务、获得阅读意义的能力。最后，在内涵中对于阅读所经历的过程也有所划分，阅读能力正是在不同的活动中所体现出的一项综合评价指标。

（二）阅读能力的要素

1. 阅读流畅性

阅读流畅性是阅读能力中的一个重要方面，它涉及个体在阅读过程中快速且准确地识别文字和理解文本的能力。这种能力不仅要求读者能够迅速地识别单词和句子，还要求他们能够清晰地理解文本的含义。阅读流畅性的提高可以帮助读者更加自信地处理各种阅读材料，无论是文学作品、学术文章还是日常的报纸杂志。为了提升阅读流畅性，读者可以通过大量的阅读实践、词汇扩展和语言结构的学习来增强对文字的敏感度和理解力。

2. 阅读理解

阅读理解则是衡量个体是否能够深入理解文本内容的关键指标。它不仅包括对文本主旨和细节的把握，还涉及对作者推理、论点的分析，以及对文本的批判性思维和评价。一个具有高阅读理解能力的人能够超越文字表面，探索文本背后的深层含义，识别作者的意图和文本的潜在价值。这种能力需要读者具备广泛的背景知识、敏锐的洞察力和逻辑分析能力。通过参与讨论、写作和深度思考，读者可以逐步提高自己的阅读理解能力。

3. 阅读策略

阅读策略是提高阅读理解力的有效工具。这些策略包括但不限于预测文本内容、总结段落大意、提出问题以引导阅读、澄清不理解的部分等。运用这些策略可以帮助读者更主动地参与到阅读过程中，提高他们的理解力和分析力。例如，预测可以帮助读者建立对即将阅读内容的预期，总结则有助于巩固和回顾已读信息，提问可以激发读者的好奇心和探索欲，澄清则可确保读者对文本的理解没有偏差。通过有意识地运用这些策略，读者可以更有效地从阅读中提取信息，构建知识，形成自己的见解。

总的来说，阅读流畅性、阅读理解和阅读策略是构成阅读能力的核心要素。

它们相互依赖，共同作用于阅读过程，影响着读者吸收和处理信息的方式和效果。通过持续练习和应用策略，读者可以逐步提升这些能力，从而在阅读中获得更深刻的理解和更丰富的体验。

三、写作能力及其要素

写作能力不仅是语文学科能力中不可或缺的一部分，还是学生社会生活、学习交往所必须掌握的一项核心能力。写作能力到底是什么？写作能力由哪些要素构成？厘清写作能力的内涵及结构要素，有助于深化学生对写作能力的认识，对改进我国语文写作教学实践具有重要意义。

（一）写作能力的内涵

在对写作能力进行界定时有两种主流的观点：一是能力取向的观点，即把写作看作能力的体现；二是过程取向的观点，即将写作看作信息加工和问题解决的过程。在能力取向方面，《中国中学教学百科全书·语文卷》（沈阳出版社，1991）将写作能力定义为一种书面表达的能力。它是人们表情达意、交流思想的一种重要方式，人们在日常的工作、生活中都需要这种能力。写作能力包括写作的基本能力和专门能力两个方面。其中，写作的基本能力包括观察、思考、联想和想象等能力，写作的专门能力包括审题立意，结构谋篇，运用记叙、描写、议论、说明等方法。朱作仁在《语文教育心理学》一书中指出：写作能力是写作主体对自己积累的写作素材进行选择、提取、加工、改造的能力，是一种综合地、创造性地应用语文知识、技能进行书面表达的本领。林崇德认为：写作能力就是学生综合性地使用、合理地运用写作知识，进行书面语言表达的能力。在过程取向方面，何世冰认为：写作是个体内部信息加工的过程，是问题解决的过程，写作能力即是在审题、构思、表达、修改和自我监控过程中的信息加工和解决问题的认知能力。美国的弗劳尔和海耶斯根据写作过程将写作划分为构思（谋篇布局）、转译（表达）和修改三个部分。俄罗斯的拉得任斯卡通过将写作划分为审题能力、表现中心思想的能力、搜集材料的能力、系统整理材料的能力、修改文章的能力、语言表达能力和选择文章体裁的能力几个部分来研究写作能力。

目前对写作能力还没有统一、明确的定义，但是对写作能力的理解在某些方面具有共通性和一致性，即在培养学生写作能力的过程中做到：一要明晰写作是动与静相结合的过程，既要指向写作的结果，又要关注写作的过程。二要明晰写作具有情境性，写作能力的培养也离不开具体的情境，要让个体体验具体的情境，使得个体在感受和理解情境的过程中培养与发展写作能力。三要明晰写作过程要重视思维发展，积极运用多种写作方式和策略。四要明晰写作具有综合性和理解性，培养学生写作能力的过程绝不是将写作的各个部分“解剖”进行单独训练，而是在对内容的整体理解与感知的基础上，综合地运用各种知识来学习写作的过程。基于此，笔者认为，写作能力指的是个体在系统掌握写作知识的基础上，能运用一系列写作方式、手段和策略在构思、转译、修改和分享的过程中形成的书面表达的综合能力。

（二）写作能力的要素

语言知识是写作能力的基础，涵盖词汇、语法、句式结构和语言风格等多个方面。一个具备丰富语言知识的写作者能够灵活运用词汇，准确掌握语法规则，构建多样的句子结构，并根据不同的写作场合调整语言风格。这种能力使得写作者能够更精确地表达思想，增强文本的表达力和说服力。

1. 思维能力

思维能力在写作中同样至关重要，包括批判性思维、创造性思维和逻辑推理能力。批判性思维使写作者能够深入分析问题，提出有见地的观点；创造性思维激发新颖的想法和独特的表达方式；逻辑推理能力则确保写作内容条理清晰，论点合理。这些思维能力共同作用，提升写作的深度和质量。

2. 组织能力

组织能力是指写作者合理规划文章结构的能力，包括引言、正文和结论的布局。一个良好的结构能够帮助读者更好地理解和跟随作者的思路，使得文章更加有条理和说服力。组织能力还涉及如何有效地安排段落，如何使用过渡句连接不同的观点，以及如何确保文章的整体连贯性。

3. 表达能力

表达能力是指写作者清晰、准确、有效地表达思想和观点的能力，不仅涉及语言的准确性，还包括如何选择合适的词汇和句式来传达特定的信息和情感。有效的表达能够使读者更容易理解和接受作者的观点，增强文章的沟通效果。

4. 理解能力

理解能力是指写作者能够准确把握写作目的、读者需求和写作背景。理解这些因素对于确定写作的基调、内容和风格至关重要。只有深入理解写作的背景和目的，写作者才能更好地满足读者的期待，有效地传达信息。

5. 信息处理能力

信息处理能力是指写作者收集、筛选、整合和运用信息的能力。在信息爆炸的时代，能够从海量信息中提取有价值的内容，并将其有效地融入写作中，是写作能力的重要组成部分。这种能力要求写作者具备良好的判断力和分析力，以确保信息的准确性和相关性。

6. 审题能力

审题能力是准确把握写作题目要求和写作指令的能力。这要求写作者仔细阅读和理解题目，明确写作的范围和重点，避免偏题或离题。审题能力的高低直接影响到写作的针对性和有效性。

7. 词汇运用能力

词汇运用能力是指丰富而恰当地使用词汇的能力，包括同义词替换和专业术语的使用。一位词汇量丰富的写作者能够根据不同的语境和写作目的选择合适的词汇，使文章更加生动和精确。

8. 语法运用能力

语法运用能力是指正确使用语法规则，构造合乎逻辑的句子的能力。良好的语法运用能力能够确保文章的流畅性和专业性，避免语法错误导致的误解。

9. 编辑和校对能力

编辑和校对能力是指检查和修改写作中的语法错误、拼写错误和风格问题的能力。这种能力要求写作者具有敏锐的眼光和细致的注意力，以确保文章的质量。编辑和校对不仅是写作的最后阶段，还是提升文章质量的关键步骤。

这些要素共同构成了写作能力的框架，它们共同影响着写作的效果。通过持续的练习和学习，写作者可以逐步提升这些能力，从而在写作中达到更高的水平。

四、口语交际能力及其要素

口语交际能力是人们通过口头言语活动实现人际沟通和社会交往所必需的一种心理特征和心智活动，也是当前中小学语文教学的重要内容之一。但是，相对于识字与写字能力、阅读与写作能力而言，中小学生口语交际能力的培养一直没有受到重视。无论是在理论研究领域，还是实践教学层面，它一直处于“被忽视”

或“被省略”的境况中。笔者认为加强语文口语交际能力内涵的研究，深化对口语交际能力结构要素及评价指标的探讨，对改进我国语文口语交际教学实践、提高学生口语交际能力水平具有重要意义。

（一）口语交际能力的内涵

口语交际是人们通过口头言语活动实现交际目的的一种活动方式。作为人类交际手段的言语活动主要包括两个方面：一方面是口头言语活动，另一方面是书面语言活动。因此，与之相关的交际活动就包括两个方面：一是以听说为主要手段的口语交际活动，二是以读写为主要方式的书面语交际活动。语文课程中的口语交际教学，其教学目标就是教会学生初步运用口头言语活动文明地进行人际沟通和社会交往。而在口头言语交际活动中，不仅仅是说话，还有面部表情、体态动作、媒体媒介的参与，甚至还要考虑说话的环境、背景、对象等因素。至此，我们将口语交际能力界定为是人们在一定的时间、地点通过丰富的口头言语活动交流思想，传递信息，从而实现人际交往目的所必需的个体心理特征。口语交际能力是学生在口语交际活动中表现出来的具体能力，这种能力的发展也是中小学语文教学质量和学生学习质量的重要体现。我们不难发现，在日常生活中口语无处不在。一个从来没有接受过学校教育的人，也能够倾听和表达，实现与他人的沟通、交往。那中小学语文课程为什么要重视学生口语交际能力的培养？为何将之与阅读能力、写作能力等相提并论，作为语文四大学科能力之一提出？这就需要我们对日常生活中的“口语交际”与语文教学中的“口语交际”作区别。从表现形式来看，口语交际有一对一、一对多、多对一等多种形式，交际语言学将其分为会话式口语和独白式口语两种类型。会话式口语包括个别交谈、座谈、讨论、答辩、会谈、闲谈、协商等；独白式口语包括没有对话的演讲授课、报告等。在日常生活中，没有接受过专门学校教育的人能够通过经验习得的方式与人交谈、讨论、闲谈和协商，但很少能够有效地座谈、答辩、演讲、授课、报告等。而且，人们在日常生活中的口语交际及其能力的提高，更多的是不成系统的、散漫的、无意识的。而进入教学的口语交际承担了更多的任务和功能，具有教育的本质规定性。有学者认为具有教学意义的口语交际具有两项重要课程功能：一是口语与思维的紧密关联使得口语交际课程成为训练快速进行资料搜集、思考论证和分析概括等思维方法的重要手段；二是交际的互动性质使得口语交际课程成为学生学习社交技巧、沟通方式，成功实现个人社会化的主要途径。

讨论口语交际能力的内涵，还需要将之与人们熟知的“听说能力”进行区别。进入新世纪之前，我国的中小学语文教学主要围绕着“听说读写”展开，“听说能力”成为语文学科能力之一并被人们广泛认识和使用。用“口语交际能力”代替“听说能力”，这不仅是话语方式的改变，而且是教学理念或认识的转变。诚如倪文锦教授认为的那样，“口语交际能力”虽然与“说话能力”有联系，但它较后者更具有一种独立性，有着自己特有的深度和广度。它是言语知识和交际技能的结合，是一种类化了的口语交际经验在特定场景中的显现，不光要注意听、说的品质，还要注意交流是否恰当、得体、机敏。这也从一个侧面反映了高信息化社会对人才提出的要求。

关于“口语交际能力”与“听说能力”的区别以及演变过程，《国际教育百科全书》（教育科学出版社，1990）中有一段精彩的论述：听与说是相互联系和互为往来的过程。说是表达性的语言技能，讲话者使用口语符号进行交流。听是接受性的语言技能，涉及理解语言符号的意义。听说教学曾被认为是独立的两项内容，分别进行各自的技能训练。但20世纪80年代到20世纪90年代早期出现了另一种观点，认为听和说相互关联，主张在交际过程中同时进行听说教学。为突出听说之间的联系，相关文献中出现了“口语能力”“口头交际”和“口头语言”等术语。“口语交际”既包括听也包括说，其被定义为在多种情景下通过听说信息进行交往的过程。由此可见，口语交际能力不是纯粹地要求掌握“听的技能”和“说的技能”，更凸显了听与说交际的目的性，强调学生与学生、老师与学生之间的交往能力，尤其是学生的情境应对能力，以及在交际情境中学生的合作能力、思维能力、探究意识等综合能力的运用。

（二）口语交际能力结构要素的划分

口语交际能力是语文学科能力的重要组成部分，其结构要素是广大一线教师开展口语交际教学的重要依据，也是评价学生口语交际能力的根本标准。为了提高口语交际教学和评价的有效性，加强对其结构要素的研究和确认是当前亟待解决的一大任务。在吸收借鉴已有研究成果的基础上，我们尝试围绕口语交际情境、口语交际内容、口语交际过程和口语交际策略四大维度，努力搭建一个多维度、多层次的口语交际能力结构。

1. 情境维度

口语交际情境维度是指学生能在不同语言环境下恰当理解与使用语言，解决交际问题。主要包括以下几类：①创设情境，根据创设情境完成不同的交际任务，积累交际要领和技巧，学以致用。②原生情境，参与和交流家庭、学校和社会生活的各个方面，解决现实生活中的交际问题。③媒介情境，通过手机和固定电话等设备、聊天软件等，分享自己的观点，主动与人交换信息和思想。

2. 内容维度

口语交际内容维度是指学生进行口语交际需要的内在诸要素的总和。包括如下三方面：①言语知识，了解中华民族的社会文化、生活礼节和礼仪规范，具备根据交际场合和对象选择恰当言语内容和形式所需的知识。②言语技能，正确理解和使用副语言行为，熟练掌握和操作常见的口语交际视听和电脑设备等。③言语态度，尊重说话者，专心聆听其讲话，与人平等对话，自信大方地表达，对听到和说出的内容负责，自觉传承中华优秀传统的人际交往态度和听说智慧。

3. 过程维度

口语交际过程维度是指快速准确地获取来自他人或媒体的视听信息，运用口语、副语言行为和媒介手段表达自己的观点，有效参与交流互动，努力理解他人想法，分享其感情：①视听理解，认真专注地获取视听信息，对视听内容进行加工和思考，理解其含义，并作出判断。②言语表达，能合理选择话题，有序组织话语，通过类语言调整、行为配合、材料辅助等优化分享表达的实际效果。③交际互动，恰当表达自己的感受和想法，合理回应、复述、转述他人的说话内容，尝试站在他人的立场思考问题。

4. 策略维度

口语交际策略维度是指学生为完成一定的口语交际任务，有组织、有计划、目标明确地采取相应行动步骤：①认知策略，将言语信息与头脑中的旧信息相联系，及时对口语交际过程进行总结反思。②元认知策略，利用认知过程的知识（包括计划准备、过程监控、调整补救）管理控制口语交际全过程。③社交和情感策略，学生与交际对象在口语交际过程中加强讨论合作，对相关内容进行解释澄清与提问求助，维持良好的情绪状态。

第三节 语文知识与语文能力

一、知识与能力是什么关系

知识与能力的关系问题是一个古老而又弥新的话题。关于这一问题，教育史上曾有针锋相对的两派学说。一派叫“形式训练说”，认为传递知识远不如训练官能重要，知识内容只是作为训练官能的材料。因此，学校教育的目标不在于习得实质性的知识内容，而在于通过官能训练培养学生的心智和能力。另一派叫“实质训练说”，认为学校教育应以获得有价值的知识为主要目的，知识学习的过程也是能力提升的过程，能力无须特别加以训练。20 世纪初，行为主义心理学家基于大量的实验研究否认了形式训练说，认为离开了知识不可能有能力的获得。但是行为主义心理学只关注外部刺激与反应之间的关系，不研究头脑内部的状态，因此也不能有力地解释知识与能力之间的关系。直到 20 世纪 60 年代，认知心理学的出现，人们对知识与能力的关系认识随之也发生了质的飞跃。认知心理学运用信息加工观点研究那些不能观察到的脑内部的机制和过程，如知识的加工、存储、提取和记忆力的改变。认知心理学中并没有“能力”这一概念，因为在认知心理学家们看来，后天习得的能力即知识。

从知识的类型来看，广义上，知识可分为陈述性知识和程序性知识。陈述性知识是关于“是什么”的知识，如“语文课程是一门学习语言文字运用的综合性、实践性课程”，这是对语文课程是什么的一种认识。程序性知识是关于“怎么做”的知识，如“如何按一定顺序把事情的过程写清楚”“怎样用恰当的语言表达自己的看法和感受”，这是关于如何记事和表达的知识。程序性知识强调的是行为和动作达成的条件与目的，有时也被“能力”“技能”“专长”等术语所代替。①

陈述性知识可以分为非概括性知识和概括性知识两类，前者主要是符号和事实性的知识，后者主要是概念及规则方面的知识。程序性知识又可分为应用符号对外办事的知识和对内进行认知调控的知识，分别被称为智慧技能和认知策略。陈

① 蔡伟，王欢．语文水平调研的价值、原则与路径 [J]. 湖北教育（教育教学），2024（7）：21−23.

述性知识和程序性知识之间存在一定的联系，即陈述性知识在一定条件下可以转化为程序性知识。学生可以通过对多篇例文的学习，学会按照游览的顺序描写景物；也可以搜集传统节日的资料，互相交流节日风俗习惯，写出过节的过程。这也为我们思考知识与能力的关系提供了新的视角。但是并非所有的陈述性知识都能转化为程序性知识，非概括性的知识很难转化为程序性知识。当然，程序性知识的运用也需要一定的陈述性知识为基础。学生运用排比、比喻的修辞手法写作，首先需要知道什么是排比、比喻；要进行景色描写，学生头脑中要积累一定的描写景物的词汇和句子。鉴于认知心理学的研究，世界经合组织在 1996 年的年度报告《以知识为基础的经济》中将知识分为四大类：①知道是什么的知识（Know what），主要指叙述事实的知识；②知道为什么的知识（Know why），主要是关于自然原理和规律方面的知识。③知道怎么做的知识（Know how），即前面提到的操作性知识；④知道是谁的知识（Know who），涉及谁知道和谁知道如何做某些事的知识。由此可见，从现代认知心理学的视角看，知识与能力是密切相关的，知识（陈述性知识）离不开能力（程序性知识），能力（程序性知识）的培养和使用也需要知识（陈述性知识）。

从知识的构成要素来看，知识内在地蕴含着促进能力发展的内容。如前文所述，从知识内在构成来看，知识由符号表征、逻辑形式和意义系统组成。符号表征表明的是人对世界的具体看法或认识结果，而逻辑形式则体现的是人认识世界的方式和过程，具体包括知识构成的逻辑过程和逻辑思维形式。任何知识都反映了人认知世界的方式，这种“认知知识的逻辑形式”是隐含在“符号表征”之中的。正是因为知识中内在隐含着“认知知识的形式”，我们才能够转识成智，知识才可能具有认知价值。也就是说，知识逻辑形式的存在，使得知识转化为能力成为可能。通过知识教学，教师可以引导学生探究知识发生、发展的过程，掌握知识应用的方法。这也为第八次基础教育课程改革提出的“知识与技能、过程与方法、情感态度与价值观”三维目标的达成提供了依据与可能。

二、语文知识是否可以转化为语文能力

知识与能力是密切相关、相互促进的关系，在语文教学中同样如此。语文知识是语文能力培养的基础，语文能力的提高能进一步促进语文知识的获得；培养学生的语文能力是语文教学的重要目标，学习语文知识不是目的而是促进语文能

力提升的条件。但是，为什么在语文教学中教师教给了学生很多语文知识，而学生的语文能力并没有提高呢？换句话说，为什么学生习得了很多语文知识，其语文能力依然低下呢？这是语文教学中存在的普遍现象。在新修订的布鲁姆教育目标体系中，安德森等在前人研究的基础上对知识类型和认知过程两个维度进行了区分，将人类知识分为四种类型：①事实性知识，即学习者在掌握某一学科或解决问题时必须知道的基本要素。②概念性知识，即某个整体结构中发挥共同作用的各基本要素支架的关系。③程序性知识，即如何做事的知识、探究的方法、运用技能的准则、算法技巧和方法的知识。④元认知知识，即关于一般的认知知识和自我认知的知识。而关于认知过程，则提出了记忆、理解、应用、分析、评价与创造六个水平层次。他们也非常重视两个维度之间的关系。一方面，他们认为特定的知识类型是有规律地伴随特定认知过程的，如“记忆”与“事实性知识”紧密相连，“理解”与“概念性知识”紧密相连，“应用”与“程序性知识”紧密相连；另一方面，他们也指出，“分析”“评价”和“创造”是高水平的、通用的认知过程，不仅可以用于整合各种类型的知识，还可以用于促进记忆、理解和应用。如果我们用安德森等人的研究来分析我国当前的学科教学现状，不难发现学生在学科学习中学到的主要是事实性知识和概念性知识。而概念性知识和程序性知识主要也是通过记忆、背诵的方式进行学习，涉及应用的比较少，更不要说分析、评价与创造了。这样的学科知识学习，学生获得的主要是知识的符号表征，很难真正转化为“能够做事”的能力。语文教学同样如此。

哪些知识是中小学教学中的语文知识？有学者认为，由拼、读、写等知识所组成的小学语言基础知识，它与简单的文字文体等知识共同构成小学语文知识体系。也有学者认为，“语修逻文”方面的知识是语文课程标准中的语文知识。南京师范大学的黄伟教授认为，学校教育课程中的语文，是由文字、语言、文学、文章等多门学科综合改造而成的。这类知识是语文学科本体知识，比较容易概念化、系统化，我们通常所说的语文知识大多是指这一类的知识。文字、语言、语法、修辞、文章、文学、写作和逻辑都可自成学科体系，因而所含知识也可构成相对独立的系统。这是一个庞大的知识家族，在基础教育阶段，学生并非必须对此进行系统学习，必须遴选其最基本、最基础、最有用的部分，这便构成了语文学科课程和教学的基础知识，所以语文学科知识在基础教育阶段有时也被称作语文基础知识。这些基础知识，在以前被浓缩为“字词句篇语修逻文”的“八字宪法”。事实上，无论是语言基础知识、文字文体知识还是“语修逻文”知识，都可以按照安德森的知识类型进行划分，也可以从知识的内在构成进行讨论。我国当前语文教学的症结在于：第一，事实性的语文知识教太多，这些知识很难转化为学生的语文能力；第二，概念性知识、程序性知识和元认知知识用“传递—接受”的方式进行教学，而没有引导学生进行分析、评价和创造。学生记住的主要是语文知识的符号，而没有去探究知识形成、发展的逻辑过程、逻辑思维方式和方法。虽然学生知道什么是排比句，但不太会用排比句写作；虽然学生背诵了很多古词，但不知道如何进行古诗词的鉴赏与创作：学生脑子里充斥着丰富多样的语文知识，但是语文能力依然低下。

语文教学的主要任务是在教授学生知识的同时培养学生的能力。例如，教师教议论文的重点不在了解文中提出什么观点或解决什么问题，而在培养学生分析和解决问题的能力，以及学会议论文的写作。教师教小说，重点不在于让学生记住或了解小说的情节和内容，而在培养学生阅读、鉴赏小说的能力以及学会写作。从某种意义上说，能力培养才是目的，知识的教学只是手段而已，通过知识教学促进学生能力的培养。当然，我们一再强调将语文知识转化为语文能力，并不意味着可以放松知识的教学。知识教学是发展能力的前提。只有将知识转化为能力之后，才能真正地培养学生的语文素养，使之达到自主阅读、自主作文、自主生活的境界。

三、语文知识如何转化为语文能力

语文知识可以转化为语文能力，这通常是教师开展语文知识教学、学生进行语文知识学习的动因。但需要明确的是，知识不等于能力，有了知识不等于有了能力。也就是说，语文知识教学与语文能力提升并不是一一对应的直接关系，进行语文知识的教学并不必然促进学生语文能力的提升。如果教师教学目标不明、教学方法有误，反而会阻碍学生提升语文能力，最后把学生教成有知识无能力的“书呆子”。我国语文教学最大的症结就在于广大语文教师没有认识到语文知识与语文能力之间的这一非直接性的、复杂的转换关系，而是想当然地认为，只要教给学生知识，他们的能力自然而然就会提升。

那究竟如何将书本上的语文知识转化为学生的语文能力呢？它要经历一个怎样的过程？教师在教学时如何去把握它？如何实现语文知识向语文能力转化过程

的最优化？这是所有语文教师在教学时需要思考的问题，同时也是语文教学的重点与难点。的确，在学生的语文能力发展中，知识的学习发挥着重要的作用。但是，学生学习到的知识对其能力发展产生实际的效果，要通过特定的机制才有可能实现。语文知识作用于学生语文能力发展的机制可以用以下图式来描述：语文知识获取—语文知识加工—语文知识应用—语文能力发展。

在这一图式中，语文知识获取是知识输入的过程。教师通过教学活动将相关知识教给学生，学生接收来自教师的知识。但是，语文知识的输入与学生语文能力的发展之间并不是直接的关系，两者之间有两个中介环节，即语文知识加工与语文知识应用。获取语文知识之后，学生还要将之与自身已有认知结构中的知识、经验、观念等建立起有意义的关联，这种关联是在学生大脑内部自主完成的，教师只是通过运用各种教学活动起到促发和促进的作用。语文知识通过加工被学生理解、吸收与消化，并纳入自身的认知结构中。但这并不意味着能力的发展。要想发展学生的能力，还需要在具体的实践情境中将吸收、消化的知识进行实际应用。应用的过程是不断练习、操作、改进、完善的过程，在这一过程中学生的语文能力慢慢地就获得了发展。需要注意的是，知识的加工与应用并非线性的前后关系，语文知识的应用过程反过来也会促进学生对相关知识的理解、消化与吸收。

基于这一图式，语文教师在教学活动中应注意以下几个方面：第一，教学设计时要进行学情的分析。任何学生都不是一张白纸，而是带着各自的生活经验、知识基础、兴趣爱好、心理发展的某种状态来到学校进行学习的，教师的教学要尽可能地帮助学生将所学知识与已有经验、知识、观念建立起有意义的关联。第二，教学过程中要注意调动学生知识学习的能动性。建构主义心理学认为，学习不是教师进行知识和经验的简单传递，而是学生进行主动建构的过程。学习者是学习的主体，是意义的主动建构者。学生语文能力的发展是其自身能动活动的结果，只有经由学生自身能动参与和完成的活动过程，获取的语文知识才能被真正消化、吸收，才能进入学生自身的认知结构中。第三，创设相应的语文实践情境引导学生进行语文知识的应用转化。这种情境既包括语文学习实践情境，又包括生活实践情境。只有在具体的语文实践情境中进行语文知识的应用，语文能力才有可能发展。阅读能力只有通过大量的阅读活动才能提升，写作能力也只有通过丰富的写作实践才能发展。

第四节　深度教学理论下语文能力的生长

在当今教育领域，深度教学理论逐渐成为提升学生语文能力的重要指导思想。深度教学不仅关注知识的传授，而且重视学生培养能力和发展思维。在这一理论指导下，语文能力的生长不再局限于对于知识的记忆和重复，而是转向了深层次的理解和应用，以及批判性和创造性思维的培养。

一、深度教学理论的核心在于理解与应用

深度教学理论强调学生深入理解语文知识，而非表层的记忆。在语文教学中，这意味着教师需要引导学生探究文本背后的深层含义，理解作者的意图和文本的文化背景。通过深度阅读和讨论，学生能够将新知识与已有知识相连接，形成更加丰富和立体的知识结构。此外，深度教学还鼓励学生将所学知识应用于新的情境中，通过写作、演讲和辩论等活动，将理论知识转化为实践能力。[①]

二、多方面体现语文能力的生长

在深度教学理论下，语文能力的生长体现在多个层面。首先是掌握语言知识，包括词汇、语法和修辞等。学生不仅要学习这些知识，还要学会在实际语境中灵活运用。其次是提升阅读理解能力，学生要学会从不同角度解读文本，理解文本的深层含义和作者的隐含观点。再次是培养批判性思维，学生要学会质疑和分析，形成自己的见解。最后是发展创造性思维，学生要在写作和表达中展现个性和创新。

三、教学实践的变革

深度教学理论对教学实践提出了新的要求。教师需要设计更具挑战性和探究性的教学活动，如项目式学习、主题研究和跨学科整合等。这些活动要求学生主动参与，通过合作和探究来解决问题。同时，教师还需要提供及时和具体的反馈，帮助学生认识到自己的优势和不足，从而不断改进和提高。

---

① 唐明 . 聚焦意义建构的语文深度阅读教学研究 [D]. 成都：四川师范大学，2022：21-22.

四、评价方式的创新

在深度教学理论下，评价方式也发生了变化。传统的以记忆和重复为主的测试逐渐被更加注重理解和应用的评价所取代。评价不仅关注学生的知识掌握情况，而且重视学生的思维过程和问题解决能力。通过开放性问题、口头报告和写作等多样化的评价方式，教师可以更全面地了解学生的语文能力。

五、学生的主动性与自我发展

深度教学理论强调学生的主动性和自我发展。学生不再是被动接受知识的容器，而是知识的探索者和建构者。在这一理论指导下，学生被鼓励主动提问、积极探索，并在过程中发展自己的语文能力。通过自我反思和自我评估，学生能够更好地了解自己的学习进度和学习需求，从而更有针对性地进行学习。

深度教学理论为语文能力的生长提供了新的视角和方法。它要求教师从传统的知识传授者转变为学习的引导者和促进者，要求学生从被动的知识接受者转变为主动的知识探索者。通过深度教学，学生的语文能力得到了全面的发展，不仅包括掌握语言知识，还包括培养阅读理解、批判性思维和创造性思维。这种教学理念无疑为学生的终身学习和全面发展奠定坚实的基础。

第五章　深度学习理论下语文阅读教学研究

第一节　深度学习理论运用于语文阅读教学的价值

只有了解了什么是“阅读”，明确了阅读的含义后才能清楚地定位阅读教学。《义务教育语文课程标准》将阅读界定为：是运用语言文字获取信息、认识世界、发展思维、获得审美体验的重要途径。阅读是一种行为体现，更是我们需要根据不同的目的去调节和控制自身的一种主动过程。在这种主动积极的行为过程中，阅读者的理解、领悟、吸收、鉴赏、评价的思维能力会得到训练，自身修养和情操会得到提升，能获得更好的审美体验。①

阅读教学并不是简单的“读”，它是学生、教师、文本之间的一种沟通。阅读教学需要处理好语言文字训练和思想教育、传授知识和发展智力的关系，在知识的理解中发展智力、培养能力，并将思想教育作为重中之重，通过语言文字训练提升学习者的思想层次和人格境界，实现育人的培养目标。新课改背景下的阅读教学更加重视学生的个性化理解，重视对学生情感态度价值观的渗透，在这种理念下，教师要着重培养学生的感受、理解、积累和使用语言的能力，启迪思想的同时丰富精神世界，让学生在学习语文知识的同时还要学会做人。

一、深度学习充分保证学习活动的参与度，拓展自我认知空间

深度学习理论强调学习者应主动参与在教学活动中的深层次认知活动，这种学习方式对于提高学生的参与度和拓展自我认知空间具有重要意义。

（一）学习活动的参与度

在传统的教学模式中，学生往往处于被动接受知识的状态，这种模式下，学生的学习活动参与度较低，学习动机和兴趣难以得到有效激发。深度学习理论提

① 吕高超．语文阅读教学的文化价值研究 [M]. 北京：中华书局，2020：23–24.

倡以学生为中心的教学模式，鼓励学生主动参与学习过程，通过探究、讨论和合作等方式，让学生在实践中学习和掌握知识。这种参与度高的学习活动能够激发学生的学习兴趣，促进知识的深入理解和长期记忆。

（二）拓展自我认知空间

深度学习不仅是学习知识的过程，还是拓展自我认知的过程。在深度学习中，学生需要对自己的学习过程进行反思，评估自己的学习策略和效果，这种自我反思有助于学生认识到自己的学习风格和优势，从而更好地调整学习策略，提高学习效率。此外，深度学习还鼓励学生将所学知识与现实生活相联系，通过解决实际问题来深化对知识的理解，这种跨学科的学习方法有助于学生建立更为全面和深层次的知识体系，拓展自我认知的空间。

（三）深度学习与参与度的关系

深度学习与学习活动的参与度之间存在密切的联系。深度学习要求学生在理解知识的基础上进行深层次的思考和应用，这种学习方式需要学生全身心地投入学习活动中。在深度学习的过程中，学生不仅是知识的接受者，而且是知识的探索者和创造者。这种角色的转变与丰富使得学生在课堂上的参与度大幅提高，他们不再是被动听讲的对象，而是积极参与讨论和实践的主体。通过这种方式，学生的自我认知空间得到了拓展，他们开始更加主动地探索未知领域，勇于挑战自我，从而在认知和情感上都得到了成长。

（四）实践中的策略

在实际教学中，教师可以采取多种策略来提高学生的参与度和拓展自我认知空间。例如：教师可以设计开放性的问题，鼓励学生从多个角度思考问题；可以组织小组讨论，让学生在交流中碰撞思想的火花；可以安排项目式学习，让学生在解决实际问题的过程中深化对知识的理解。这些策略不仅能够提高学生的参与度，还能够促进学生自我认知的发展，使他们成为更加独立和自信的学习者。

深度学习理论在语文阅读教学中的应用，不仅能够提高学生的参与度，还能够拓展他们的自我认知空间。通过深度学习，学生能够在主动参与和深层次认知的过程中，提高阅读理解能力，培养批判性思维和创新能力，从而实现全面发展。教师应充分利用深度学习理论，设计富有挑战性和参与性的教学活动，激发学生的学习兴趣，促进他们的自我认知和个人成长。

二、深度学习着重锻炼学生的学习能力，促进高阶思维发展

在教育领域，深度学习理论特别强调对学生学习能力的锻炼和高阶思维的培养。这种学习方式不仅关注传授知识，而且重视学生如何学习、如何思考以及如何应用知识解决问题。

（一）锻炼学习能力

学习能力是指个体获取、处理、整合和应用信息的能力。在深度学习中，学生被鼓励主动探索、积极提问、批判性思考和创造性解决问题。这种学习方式要求学生不仅要掌握知识，还要学会如何学习，即所谓的“学会学习”。深度学习通过以下方式锻炼学生的学习能力。

自主学习：学生在教师的引导下，自主设定学习目标，规划学习路径，选择学习资源，这有助于培养他们的自我管理和自我激励能力。

合作学习：通过小组合作，学生学会沟通、协作和共享，这有助于提升他们的社交能力和团队合作能力。

信息处理：在处理大量信息时，学生需要学会筛选、分析和整合信息，这有助于提高他们的思维敏捷性和判断力。

（二）发展高阶思维

高阶思维是指超越记忆和理解的更复杂的思维过程，包括分析、评价、综合和创造。深度学习通过以下方式促进学生高阶思维的发展。

分析：学生需要分析文本、数据或问题，识别关键要素和内在联系，这有助于提高他们的逻辑推理能力。

评价：学生被鼓励评价信息的可靠性、观点的合理性，这有助于培养他们的批判性思维。

综合：学生需要将不同来源的信息整合起来，形成自己的理解和见解，这有助于提高他们的综合思维能力。

创造：学生被鼓励创造性地解决问题，提出新的观点或解决方案，这有助于激发他们的创新思维。

（三）深度学习与高阶思维的关联

深度学习与高阶思维之间存在密切的关联。深度学习提供了一个框架，让学生在理解知识的基础上，进一步发展分析、评价、综合和创造的能力。这种学习方式鼓励学生超越表层学习，深入探究知识的内在结构和应用价值，从而促进高阶思维的发展。

（四）实践中的策略

在实际教学中，教师可以采取以下策略来促进学生的高阶思维发展。

问题导向学习：设计以问题为导向的学习活动，鼓励学生提出问题、探索答案，并在小组讨论中分享观点。

案例研究：通过案例研究，让学生分析真实情境下的问题，评价不同解决方案的优劣，提出自己的见解。

项目式学习：通过项目式学习，让学生在解决实际问题的过程中，综合运用所学知识，发挥创造性思维。

反思性学习：鼓励学生在学习过程中进行反思，评估自己的学习策略和效果，调整学习方法，提高学习效率。

三、深度学习符合核心素养培养目标要求，提高学生发展水平

核心素养是关于学生知识、技能、情感、态度、价值观等多方面要求的结合体。社会需要的是全面发展的人，这样的人在具备一定的文化底蕴基础上还需要有着积极自主的实践能力和社会参与的意识，深度学习的过程正是由浅入深、环环相扣，强调从积累知识到培养思维再到学会做人，在这种动态生成并真实有效的学习过程中，学生从认知、思维、心灵深处多维度进行发展，契合了核心素养的语言、思维、审美文化追求，有利于学习活动的完成。二者也互为作用，“深度学习”的提出努力践行了核心素养理念，核心素养的养成也需要深度学习的支持。

阅读教学以学生的核心素养发展为目标，通过阅读与鉴赏这一语文学习活动从语言建构与运用、思维发展与提升、审美鉴赏与创作、文化传承与理解四个方面促进个体发展。这四个方面与深度学习息息相关，尤其在高中阶段更加强调学生的思维发展。

首先，语言建构与运用是核心素养的基础，建构是需要学习者对知识进行主动的积累梳理，掌握规律和特点后才能适应新的情境发展，深度学习具备整合与构建、真实体验的特点，学生在引领与指导下将知识进行联系、整合，紧接着将这种成果在情境和真实体验中与下一步行动相连，推动有意义的体系建构，这一过程富有生成性、探索性。其次，在思维发展与提升方面应该着重体现学生深刻、敏捷、灵活、批判和独创的思维品质。一堂课如果全是低阶思维活动，那么这堂课的意义、知识的含量、学生的参与度肯定远远不够。深度学习最关注的是高阶思维，它要求学生学会对事物有自己的见解，在此基础上进行反思、评价、综合等更深层次的理解。高阶思维也不是离开低级思维单独发展的，只有在低级思维的基础上才能创生出更深层的思维，二者共同构成多样化、有层次的课堂，保证了课堂的效率。因此，深度学习的过程也是思维发展过程。再次，审美鉴赏与创造是评价深度学习的重要指标，语文课处处都是审美的资源，无论是文字还是语言到处都不缺少“美”，深度学习的学生存在真实深刻的体验也具有相应的情感，学生的审美意识和鉴赏品味会相应地提高，不断创造新的美。最后，在文化传承与理解方面，语文学习过程中知识的积累和文化发展意识是需要传承的，而具有深度的学习可以不断迁移评价，进行社会实践后更注重实践后的意义和素质养成。

当今社会发展需要人才保证与智力支撑，新时代人才不在于掌握知识的多少，而在于利用所掌握的知识为社会创造多少财富，即自身发展水平的提高能对社会产生重大意义。因此，社会对人才培养提出了更高要求：新时代的人才应该学会求知、学会做事、学会创新和发展，最重要的是学会做人。深度学习倡导的是让学习者能够充分、积极、灵活地学习，摒弃呆板、无用的机械运动才能提高学习效率，及时掌握新的知识才能适应现代社会的技术需求。深度学习也重视自身能力的形成，只有学习者知道在面对新的问题时联系过去的知识主动去解决，知道在新的环境中如何将知识迁移，在他们能够解释信息、创建模型、解决问题，并与现实世界以及其他概念和学科建立联系时，我们才认为发生了真实的、有深度的学习。由此可见，深度学习在践行核心素养要求的同时带动了学习者的自身发展，力求整体提高人才发展水平。

深度学习理论不仅关注知识的传授和技能的培养，还特别强调学习过程中的评价机制，以及这一机制如何促进学生的自我价值实现。评价不仅是学习过程的反馈工具，而且是激励学生自我发展和自我实现的重要手段。

四、深度学习强调落实学习过程中的评价，推进自我价值实现

（一）学习过程中的评价

在深度学习中，评价不再是学习结束后的简单测试，而是贯穿于整个学习过程的持续活动。这种评价方式有助于学生及时了解自己的学习进展，调整学习策略，从而更有效地实现学习目标。

形成性评价：形成性评价是在教学过程中进行的，目的是监控学生的学习进度，提供及时反馈，帮助学生识别自己的强项和弱点。这种评价方式有助于学生在学习过程中不断进步，而不是仅仅在学期末获得一个成绩。

自我评价：自我评价鼓励学生反思和评估自己的学习成果，这不仅能增强学生的自我意识，还能培养他们的自我责任感。通过自我评价，学生能够更清楚地认识到自己的学习目标和期望，从而更有实现这些目标的动力。

同伴评价：同伴评价让学生参与彼此的学习评价，这不仅能够提高评价的客观性，还能够促进学生之间的交流和合作。通过同伴评价，学生能够从不同的角度看待问题，增强批判性思维能力。

（二）推进自我价值实现

深度学习中的评价机制有助于学生认识到自己的价值和潜力，从而推动其实现自我价值。

增强自我效能感：当学生通过评价看到自己的进步和成就时，他们的自我效能感会得到增强。自我效能感是指个体对自己完成任务的能力的信心，这种信心是学生继续学习和挑战更高目标的重要动力。

促进自我实现：自我实现是指个体实现自己的潜能和追求个人成长的过程。深度学习中的评价机制通过提供反馈和鼓励，帮助学生认识到自己的潜力，激发他们追求更高的目标，实现自我价值。

培养终身学习者：深度学习中的评价机制鼓励学生成为终身学习者。通过持续的评价和反馈，学生学会了如何自我激励和自我调节，这些技能对于他们在未来的学习和工作中持续学习和成长至关重要。

（三）实践中的策略

在实际教学中，教师可以采取以下策略来落实学习过程中的评价，推进学生实现自我价值。

明确评价标准：教师应该明确评价的标准和目的，让学生知道评价的依据和意义，这样学生才能更好地理解评价结果，从而更有针对性地改进学习。

多样化评价方式：教师可以采用多种评价方式，如自我评价、同伴评价、项目评价等，以全面了解学生的学习情况，同时也让学生从不同的角度看待自己的学习。

及时反馈：教师应该提供及时的反馈，帮助学生及时调整学习策略。这种及时反馈不仅能够提高学生的学习效率，还能够增强学生的自信心和自我效能感。

鼓励自我反思：教师应该鼓励学生进行自我反思，让学生思考自己的学习过程和成果，以及如何改进。这种自我反思有助于学生形成自我评价的习惯，提高自我责任感。

第二节　深度学习理论下语文阅读教学的问题成因

一、教学理念与实践的脱节

在深度学习理论下，语文阅读教学的核心目标是促进学生主动参与学习和进行深层次认知活动，以实现知识的深入理解和应用。然而，实际教学中存在一个显著问题，即教学理念与实践的脱节。尽管理论上强调学生的主体性和认知深度，但在实践中，许多教师仍然沿用传统的教学模式，这种模式以教师为中心，重视知识的传授而非学生的认知发展。这种脱节不仅阻碍了深度学习理论的有效实施，还影响了学生阅读能力的培养，具体表现在以下方面。①

传统教学观念的影响：长期以来，传统的教学观念根深蒂固，许多教师习惯于“填鸭式”教学，即教师讲授、学生听讲的教学模式。这种模式下，教师是知识的传递者，学生是知识的接受者，缺乏互动和讨论，不利于学生主动参与和深

① 燕红蕾．实施主题阅读教学，提升综合素养 [J]. 小学阅读指南（高年级版），2024（12）：17−19.

层次认知活动的发展。

教师角色定位的偏差：在深度学习理论中，教师的角色应从知识的传递者转变为学习的引导者和促进者。然而，许多教师未能正确定位自己的角色，仍然将自己视为权威的代表，强调向学生灌输知识，而非引导学生探索和发现知识。

教学评价体系的制约：现有的教学评价体系往往侧重于学生对知识的掌握程度，而非学生的认知过程和能力发展。这种评价体系导致教师在教学中过分关注学生的成绩，而忽视了学生深层次认知能力的培养。

教学资源和时间的限制：在实际教学中，教师常常面临教学资源和时间的限制。为了在有限的时间内完成教学计划，教师可能不得不牺牲学生主动参与和深层次讨论的教学环节，以保证教学内容的全面性。

教师专业发展不足：许多教师缺乏深度学习理论的系统培训和实践指导，导致他们在教学设计和实施过程中存在困难。教师的专业发展不足，使得他们难以将深度学习理念有效地融入教学实践中。

学生习惯的挑战：学生长期习惯于传统的教学模式，对于新的教学理念和方法可能存在抵触情绪。学生可能更习惯于被动接受知识，而不是主动探索和思考，这种习惯也影响了教学理念与实践的有效对接。

二、教学内容与学生需求的不匹配

在深度学习理论下，语文阅读教学内容的设计与学生需求的匹配至关重要。然而，在当前的教学实践中，教学内容往往未能充分考虑学生的实际需求和兴趣点，导致学生对学习内容缺乏兴趣。这种不匹配不仅影响了学生的学习效果，还制约了深度学习理论在语文阅读教学中的应用。

缺乏对学生认知水平的了解：教学内容的设计往往缺乏对学生认知水平的深入了解。教师可能没有充分评估学生的知识背景、认知能力和学习风格，导致教学内容与学生的实际认知水平不匹配，难以满足学生的学习需求。

忽视学生兴趣和动机：学生的兴趣和动机是影响学习效果的重要因素。然而，在教学内容的选择和组织过程中，教师可能忽视了学生的兴趣点和动机需求，导致教学内容与学生的兴趣和动机不匹配，难以吸引学生的注意力。

教学内容的单一性和固化：教学内容往往过于单一和固化，缺乏多样性和灵活性。这种单一和固化的教学内容难以满足不同学生的需求，也难以激发学生的学习兴趣。

缺乏与现实生活的联系: 教学内容往往与学生的实际生活脱节,难以引起学生的共鸣。学生可能觉得学习内容与自己的生活无关,缺乏学习的实际意义和价值。

教学资源的局限性：教学资源的局限性影响了教学内容与学生需求的匹配。教师可能由于缺乏丰富的教学资源，难以设计出既符合教学目标又满足学生需求的教学内容。

三、教学方法的单一性

深度学习理论要求语文阅读教学采用多样化的教学方法以促进学生的深层次认知活动和高阶思维能力的发展。然而，现实中教学方法的单一性成为一个显著问题。在目前的语文教学中，传统的讲授法和机械记忆法仍然占据主导地位，缺乏探究式、讨论式和合作式等多样化的教学方法，这限制了学生深层次认知活动的发展，具体表现在以下方面。

教师习惯和舒适区：许多教师习惯于采用他们熟悉的教学方法，这些方法通常是他们作为学生时所经历的，或者是他们接受教师培训时所学习的。这种习惯使得教师往往停留在自己的舒适区内，不愿意尝试新的教学方法。

缺乏创新意识和能力：在一些情况下，教师可能缺乏创新教学方法的意识和能力。他们可能没有意识到单一教学方法的局限性，或者不知道如何设计和实施多样化的教学活动。

教学资源和时间的限制: 实施多样化的教学方法需要更多的教学资源和时间。然而，教师常常面临资源有限和时间紧迫的问题，这使得他们难以在课堂上实施多样化的教学方法。

评估和考核体系的压力: 现有的评估和考核体系往往侧重于学生的考试成绩，这给教师带来了很大压力，使他们更倾向于采用能够快速提高学生成绩的教学方法，而非那些有助于学生深层次认知发展的多样化教学方法。

教师专业发展不足: 教师的专业发展对于他们采用多样化教学方法至关重要。然而，许多教师缺乏相关的培训和专业发展机会，这限制了他们采用新教学方法的能力。

学生反应和接受度：教师在尝试新的教学方法时，可能会遇到学生的抵触和不适应。学生可能习惯于传统的教学方式，对于新的教学方法可能需要时间去适应，这也可能影响教师尝试多样化教学方法的积极性。

四、评价机制的不足

在深度学习理论下，评价机制是教学过程中不可或缺的一部分，它不仅能够反映学生的学习成果，还能够促进学生的学习过程和认知发展。然而，现有的评价机制往往侧重于结果评价，忽视了过程评价的重要性。这种评价机制未能全面反映学生的学习过程和认知发展，也未能为学生提供及时的反馈和指导，影响了激发学生学习动机和学生自我调整学习策略的效果。

结果导向的评价体系：传统的评价体系往往以学生的最终成绩为评价标准，这种结果导向的评价体系忽视了学生在学习过程中的努力和进步，导致学生过分关注分数，而忽视了学习本身的意义和价值。

缺乏过程性评价：过程性评价是指在教学过程中对学生学习行为、学习策略和学习态度的评价。然而，现有的评价机制往往缺乏这种评价，未能及时捕捉和记录学生在学习过程中的表现和发展。

评价方法单一：现有的评价方法往往过于单一，主要依赖于笔试和标准化测试，缺乏多样化的、能够更全面地反映学生的学习过程和认知发展的评价方法，如自我评价、同伴评价、项目评价等。

缺失反馈和指导：评价的目的之一是为学生提供反馈和指导，帮助他们调整学习策略，提高学习效果。然而，现有的评价机制往往未能提供及时和有效的反馈，导致学生无法根据评价结果调整自己的学习行为。

教师评价能力有限：教师的评价能力直接影响评价机制的有效性。然而，许多教师缺乏有效的评价培训和专业发展，导致他们在评价过程中存在偏差和不足。

学生缺乏自我评价意识：学生自我评价意识的缺乏是评价机制不足的一个原因。许多学生习惯于被动接受评价，缺乏主动进行自我评价的意识和能力。

五、社会文化因素的影响

社会文化因素对语文阅读教学的影响是深远的。在不同的文化背景下，学习习惯、教育价值观和认知方式都有所不同，这些因素的差异也导致学生学习态度和行为的差异。在一些文化中，学生可能更习惯于接受式学习，这种学习方式强调对权威的服从和知识的被动接受，而对于主动探究和批判性思维的培养存在抵触情绪。这种文化习惯对实施深度学习理论构成了挑战。

接受式学习的文化传统：在某些文化中，教育传统倾向于强调教师的权威和学生的服从，学生被期望接受教师传授的知识，而不是质疑或探索。这种文化传统与深度学习理论提倡的主动探究和批判性思维相冲突。

对批判性思维的误解：在一些社会文化背景下，批判性思维可能被误解为对权威的挑战或不敬，这导致学生和教师都对培养批判性思维持谨慎态度。

教育价值观的差异：不同的社会文化有不同的教育价值观，一些文化可能更重视考试成绩和学术成就，而不是促进学生全面发展和培养深层次认知能力。

社会经济背景的影响：社会经济背景也会影响学生的学习方式。在资源有限的地区，学生可能缺乏进行深度学习所需的材料和机会，这限制了他们发展深层次认知能力的可能性。

语言和文化障碍：对于使用非主流语言的学生来说，语言和文化障碍可能会影响他们对阅读材料的理解和对深度学习活动的参与。

六、家庭和社区支持的不足

家庭和社区的支持对于学生的阅读能力和认知发展至关重要。然而，在一些情况下，家庭和社区缺乏对阅读重要性的认识，未能为学生提供必要的阅读资源和支持，这影响了学生阅读能力的发展。

对阅读重要性的认识不足：一些家庭可能没有意识到阅读对于孩子认知发展的重要性，因此未能为孩子提供丰富的阅读材料和鼓励阅读的环境。

经济和资源的限制：经济困难和资源匮乏可能限制了家庭和社区为孩子提供阅读材料和学习机会的能力。

缺乏阅读榜样和模范：一些家庭和社区中，可能缺乏阅读的榜样和模范，孩子没有看到成人阅读的行为，因此未能养成阅读的习惯。

社区资源的缺乏：一些社区可能缺乏图书馆、书店和其他提供阅读材料和学习机会的设施。

家庭和学校之间的沟通不足：家庭和学校之间的沟通不足可能导致家庭不了解学校的教学目标和期望，从而未能提供相应的支持。

第三节　深度学习理论下语文阅读教学实施策略

一、重视学生真实体验，在参与阅读实践中获得深刻感受

（一）增进认知，合理创设阅读情境

在深度学习理论的指导下，创设阅读情境是提升学生认知和理解能力的重要手段。通过深入挖掘课本教材，了解课文的内容、主题、情感，把握作者的意图，教师能够确定合适的情景和角色，使得情景创设更具针对性和有效性。这种教学策略不仅能够激发学生的学习兴趣，还能帮助他们更好地理解和吸收知识。例如，在教授描写自然景色的课文时，教师可以选择在校园或户外进行课外教学，让学生身临其境地感受自然美景，以此情境为基础进行语文教学。这种实地教学能够让学生直观地感受到课文中所描述的景象，从而加深对文本内容的理解和记忆。[①]此外，教师还可以利用多媒体技术，如图片、音频、视频等，为课文内容添加丰富的视听元素，同时利用实物道具加深对课文内容的理解。多媒体技术的运用可以极大程度地丰富教学手段，使得抽象的文本信息变得更加形象和生动。例如，在教授古诗时，教师可以播放与诗歌内容相关的自然景观视频，让学生在视觉和听觉上都能感受到诗歌的意境，从而更好地理解诗歌的内涵。使用实物道具，如在教授历史故事时使用古代服饰、兵器等，也能让学生更加直观地感受到历史背景，增强学习体验。

创设阅读情境的过程中，教师应注重情境的真实性和相关性，确保学生能够在情境中找到与自己生活经验相联系的点，从而产生共鸣。这种共鸣能够促进学生的情感投入，使他们更加积极地参与学习过程。例如，在教授关于家庭关系的课文时，教师可以设计一个家庭角色扮演活动，让学生扮演不同的家庭成员，通过角色扮演来探讨和理解家庭成员之间的情感和关系。这样的活动不仅能够让学生在情境中学习语言知识，还能培养他们的同理心和社交技能。

在创设阅读情境时，教师还应考虑到学生的认知发展水平和个体差异，设计

① 马天源．促进深度学习的语文阅读教学策略 [J]. 新教育，2022（19）：58-59.

不同难度和类型的情境，以满足不同学生的需求。对于低年级的学生，可以设计一些简单直观的情境，如通过故事讲述和角色扮演来引导学生理解文本，而对于高年级的学生，则可以设计一些更复杂、需要深层次思考的情境，如辩论、模拟法庭等，以促进学生的批判性思维和解决问题能力的发展。

总之，合理创设阅读情境是深度学习理论下语文阅读教学的关键环节。通过创设与学生生活经验相联系的情境，教师能够引导学生深入理解文本内容，激发他们的学习兴趣，培养他们的语言能力和其他相关技能。这种教学策略不仅能够提高学生的语文成绩，还能够促进他们的全面发展。

（二）落实行动，精心设计阅读活动

深度学习理论强调学生的主动参与和实践，将其视为促进学生深层次理解和长期记忆的关键。在语文阅读教学中，教师应设计丰富多彩的阅读活动，如角色扮演、实地考察、模拟演讲等，让学生在实践中学习语文。这些活动不仅能够提高学生的阅读兴趣，还能培养他们的同理心、沟通能力和解决问题的能力。

在阅读一部小说时，通过分角色扮演其中的主要人物，学生可以身临其境地感受人物的情感和经历，这种亲身体验有助于学生深入理解文本内容。角色扮演活动要求学生不仅要理解角色的语言和行为，还要揣摩角色的心理和动机。这种活动能够促进学生对文本的深层次解读和情感共鸣，能够使学生更好地把握人物性格，理解故事情节，从而提升他们的文学鉴赏能力。

实地考察活动则让学生走出教室，亲身体验和探索与课文内容相关的环境和背景。这种活动能够让学生直观地感受到文本中描述的场景，增强他们对文本的记忆和理解。比如，在学习关于历史事件的课文时，教师可以组织学生参观历史博物馆或者历史遗址，让学生在实地考察中学习历史知识，感受历史氛围，这样的体验远比单纯的课堂讲授更加深刻和持久。

模拟演讲活动则是一种锻炼学生表达能力和逻辑思维的有效方式。在这种活动中，学生需要根据课文内容或者与课文相关的主题进行演讲准备，这不仅要求他们对文本有深入的理解，还要求他们能够清晰、有逻辑地表达自己的观点。通过模拟演讲，学生能够在公众面前表达自己的想法，这对于增强他们的自信心，提高其沟通水平非常有帮助。

除了上述活动外，教师还可以设计其他类型的阅读活动，如小组讨论、辩论

赛、故事创作、阅读理解竞赛等。这些活动能够从不同角度激发学生的学习兴趣，提高他们的语文能力。例如：小组讨论可以培养学生的合作精神和交流能力，辩论赛可以锻炼学生的逻辑思维和辩证能力，故事创作可以激发学生的创造力和想象力，阅读理解竞赛则可以检验学生的阅读效果和理解深度。

在设计这些阅读活动时，教师需要考虑到学生的个体差异和兴趣点，确保活动既有挑战性，又能够吸引学生参与。同时，教师还应该提供及时的反馈和指导，帮助学生在活动中不断进步。通过精心设计的阅读活动，学生不仅能够在语文学习中获得知识和技能，还能在情感、态度和价值观等方面得到全面发展。

（三）更新拓展，创设性开发阅读资源

深度学习理论强调深度理解和应用知识，要求教师不断更新和拓展阅读资源，以适应学生的个性化需求并提高教学效果。在这一理论的要求下，教师不仅是知识的传授者，而且是资源的整合者和学习的引导者。通过引入相关的文学作品、历史事件或当代新闻等，教师能够丰富学生的知识面，拓宽学生的学习视野，使学生能够在更广阔的背景下理解和吸收语文知识。

例如，在教授古代诗歌时，教师可以引入与诗歌相关的历史文化背景资料，让学生在了解诗歌的同时，能够对诗人所处的时代有更深入的认识。这种跨学科的学习方式能够帮助学生建立起知识之间的联系，提高他们的综合分析能力。同时，教师还可以结合时事新闻，引导学生探讨文学作品中的主题与现代社会的关联，这样的活动不仅能够提高学生的时事敏感度，还能够培养他们的批判性思维。

在组织新闻发布会、故事会、朗诵会、讨论会等活动时，教师可以让学生在讲述、讨论、交流、品评、操作等活动中促进发展，形成扎实的语文能力。这些活动不仅能够提高学生的语言表达能力，还能够锻炼他们的逻辑思维和团队合作能力。例如，在故事会中，学生需要选择一个故事进行讲述，这要求他们不仅要理解故事内容，还要能够用自己的语言进行表达，这对于提高学生的叙述能力和记忆力非常有帮助。

此外，教师还可以引导学生开发和利用课外课程资源，如从网上搜集资料，实现教与学方式的转变，提高语文学习质量。在信息时代，网络上有大量的学习资源，教师可以教会学生如何筛选和利用这些资源，这对于培养学生的信息素养和自主学习能力至关重要。例如，在教授关于环保的文章时，教师可以指导学生

通过网络查找相关的环保资料和案例，让学生在收集和整理信息的过程中，加深对环保问题的认识和理解。

在开发阅读资源的过程中，教师应该确保资源的多样性和平衡性，确保资源能够覆盖不同类型和难度的阅读材料，以满足不同学生的需求。同时，教师还应该鼓励学生参与资源的开发，让他们在实践中学习如何寻找、评估和使用信息。这种参与式学习能够提高学生的主动性和创造性，使他们成为更加积极的学习者。

总之，更新拓展阅读资源是深度学习理论下语文阅读教学的重要组成部分。通过不断更新和拓展阅读资源，教师能够为学生提供更加丰富和多元的学习材料，激发学生的学习兴趣，提高他们的语文素养。这种教学策略不仅能够提高学生的语文成绩，还能够促进他们的全面发展。

二、注重多重内容整合，在搭建知识体系中提升思维品质

（一）打通内部结构：加强知识联结，建立思维的立体空间

深度学习理论超越了传统的接受式学习模式，强调学习知识是一个动态的、建构的过程。在这个过程中，学习者需要将已有的经验与新知识相结合，形成新的认识和理解。在语文阅读教学中，教师的角色是引导者和促进者，他们需要采用多样化的教学策略来激活学生先前的知识，并与新知识建立联系，从而促进新知识的学习和新知识体系的建构。

为了实现这一目标，教师可以采取多种方法来加强知识之间的联结。首先，通过横向拓展，教师可以帮助学生形成单元模块的知识体系。在单元教学中，教师引导学生学习单元内的知识，不是孤立地学习每一篇课文，而是将课文放在一个更大的知识框架中去理解。这样的教学方式有助于学生完成知识的碎片化积累，并在探究活动中自主构建知识体系。例如，在教授一系列关于自然主题的课文时，教师可以引导学生探讨自然在不同文化和文学作品中的象征意义，从而建立起一个关于自然主题的知识体系。

此外，教师还可以引导学生制作单元思维导图，这是一种非常有效的工具，可以帮助学生在制作过程中理解每节课之间的关联。思维导图通过图形化的方式展示知识结构，使得复杂的信息变得直观易懂。教师以自己设计的思维导图为示例，让学生尝试制作自己的思维导图，以此来帮助学生形成对单元知识的完整理解。这种方法不仅能够提高学生的信息整合能力，还能够锻炼他们的创造性思维

和视觉化思维。

在打通内部结构的过程中，教师还需要注意培养学生的批判性思维。通过提问、讨论和辩论等活动，教师可以鼓励学生深入思考和质疑所学知识，从而培养他们的独立思考能力。这种批判性思维的培养是建立思维立体空间的关键，它能够帮助学生在不同知识之间建立更深层次的联系，形成更为丰富和立体的知识结构。

为了进一步强化知识联结，教师还可以设计跨学科的项目学习活动。例如，结合语文和历史学科，让学生研究一个历史事件在不同文学作品中的呈现，这样的活动不仅能够加深学生对单一学科知识的理解，还能够促进他们在不同学科之间建立联系，从而建立起更为全面的知识体系。

总之，打通内部结构，加强知识联结，建立思维的立体空间是深度学习理论下语文阅读教学的重要策略。通过这些策略的实施，学生不仅能够更深入地理解语文知识，还能够培养出更为全面和立体的思维能力，为他们未来的学习和生活打下坚实的基础。

（二）促进内外融合：组织多样化学习材料，培养思维的前瞻性

深度学习理论强调学习内容的选择应具有挑战性，学习的结果应具有迁移性，这意味着学习不是简单记忆和重复知识，而是要能够将所学知识应用到实际、具体的情境中去。在语文阅读教学中，教师应精选具有适应性和拓展性的学习材料，以解决学生语文学习中“教学教材化”的问题。这要求教师不仅要依赖传统的教材，还要引入相关的文学作品、历史事件或当代新闻等，以此来丰富学生的知识面，拓宽学生的学习视野。

为了促进内外融合，教师可以组织多样化的学习活动，如新闻发布会、故事会、朗诵会、讨论会等。这些活动让学生在讲述、讨论、交流、品评、操作等活动中得到发展，形成扎实的语文能力。例如，在新闻发布会中，学生可以扮演记者和新闻发言人的角色，通过模拟新闻发布会的情境，学生不仅能够锻炼自己的语言表达和逻辑思维能力，还能够学习如何从不同角度分析和理解新闻事件。这种活动有助于学生将语文知识与现实生活紧密结合，提高他们的社会参与能力和批判性思维能力。

在故事会中，学生可以通过讲述故事来锻炼自己的叙述能力和创造力。教师可以鼓励学生选择不同文化背景的故事，这样不仅能够提高学生的文化素养，还

能够培养他们的跨文化交际能力。朗诵会则能够让学生通过声音和肢体语言来表达文本的情感，这种活动有助于学生深入理解文本内容，同时也能够提高他们的表演能力。

讨论会是培养学生批判性思维和沟通能力的有效方式。在讨论会中，学生可以就某个主题或问题进行深入讨论，教师可以引导学生从多个角度思考问题，鼓励他们提出自己的观点和论据。这种活动不仅能够提高学生的语言表达能力，还能够培养他们的逻辑思维和辩证能力。

通过这些多样化的学习活动，学生能够在实践中学习语文，这样的学习方式不仅能够提高学生的阅读兴趣，还能培养他们的同理心、沟通能力和解决问题的能力。这些能力对于学生的思维前瞻性至关重要，因为它们能够帮助学生预见未来可能遇到的问题，并提前作好准备。例如，通过在讨论会中讨论环境问题，学生可以预见到未来可能面临的环境挑战，并思考可能的解决方案。

三、鼓励思维碰撞，在有效交流探讨中深化思维能力

（一）聚焦课堂提问，细化思考过程

深度学习理论认为，课堂提问不仅是一种教学手段，而且是激发学生思考、深化理解和构建知识的关键环节。在语文阅读教学中，教师通过聚焦课堂提问，可以有效地引导学生进行深层次的思考，从而细化他们的思考过程。

教师设计的提问应当具有开放性，这意味着问题不应当只有一个标准答案，而应该能够引发学生广泛的思考和讨论。例如，教师可以问："这篇文章中哪些细节描写最能体现人物的性格？"或者"你认为作者选择这种叙述方式的原因是什么？"这样的问题能够激发学生的好奇心和探索欲，促使他们从不同角度审视文本，发现问题，并形成自己的见解。

教师可以提出一些高层次的认知问题，这些问题往往涉及对文本深层次含义的探究。例如，"作者通过这段文字想要传达什么样的情感或信息？"或"如果你是文中的主角，你会如何处理这种情况？"这类问题能够促使学生超越文本的表面意义，深入挖掘文本的深层含义，从而细化他们的思考过程。这种深层次的思考有助于学生发展批判性思维和创造性思维。

教师应鼓励学生提出自己的问题。这种互动不仅能够提高学生的参与度，还能够培养他们的批判性思维和问题解决能力。学生提出的问题可能涉及他们对文

本的困惑、对作者意图的猜测或是对文本背景的好奇。教师可以将这些问题作为教学的切入点，引导全班同学共同探讨，这样的过程不仅能够增强学生的主体性，还能够促进学生之间的思维碰撞和知识共享。

在提问的过程中，教师是至关重要的角色。教师需要倾听学生的回答，给予积极的反馈，引导学生进一步思考。教师可以通过追问、补充信息或是提出相反的观点等方式，帮助学生深化对问题的理解。例如，如果一个学生对某个角色的行为提出了疑问，教师可以追问："你认为这个角色为什么会这样做？有没有其他可能的解释？"这样的追问能够引导学生从更多角度考虑问题，细化他们的思考过程。

此外，教师还应注意提问的时机和方式，确保每个学生都有机会参与讨论。教师可以通过轮流提问、小组讨论或是随机点名等方式，确保课堂提问具有广泛性和包容性。这样的做法有助于营造一个积极的学习氛围，让每个学生都感到自己的意见是被重视的。

（二）组建多重对话，实现思维互动

深度学习理论强调学习是一个社会性的、互动性的过程，这一理念对于语文阅读教学的影响尤为深刻。教师通过组建多重对话，包括师生对话、生生对话等，能够实现思维互动，促进学生之间的思维碰撞和深入理解。这种对话不仅是言语交流，还包括非言语的交流，如肢体语言、面部表情等，它们都能够促进学生之间的思维碰撞和深入理解。例如，教师可以组织小组讨论，让学生在小组内分享自己的观点和理解，通过对话来解决彼此的疑惑，共同探讨文本的深层含义。在小组讨论中，每个学生都有机会发言，也有机会倾听他人的观点，这种双向的交流能够促进学生思维的互动和发展。小组讨论可以围绕文本的关键问题展开，如人物性格、情节发展、主题思想等，这样的讨论有助于学生从不同角度审视文本，发现问题，并形成自己的见解。

教师可以利用角色扮演、辩论等活动，让学生在扮演不同角色的过程中，体验不同的观点和立场。角色扮演活动可以让学生置身于文本的情境之中，从角色的视角去理解和分析问题，这样的活动不仅能够提高学生的语言表达能力，还能够培养他们的同理心和批判性思维。辩论活动则可以让学生在对立的观点之间进行论证和反驳，这样的活动有助于学生学会如何构建有说服力的论点，同时也能

够锻炼他们的逻辑思维和辩证能力。

在实现思维互动的过程中，教师扮演着引导者和协调者的角色，需要适时地介入学生的对话，提供必要的指导和反馈，帮助学生理清思路，深化理解。教师可以通过提问、总结、补充信息等方式，引导学生深入讨论，同时也要注意控制讨论的节奏，确保每个学生都有机会参与。教师还应鼓励学生尊重不同的观点，学会从他人的视角看待问题，这样的对话和交流能够促进学生思维的开放性和灵活性。

此外，教师还可以利用现代技术手段，如在线讨论平台、社交媒体等，来扩展对话的范围和深度。这些平台可以让学生在课堂之外继续讨论和交流，也能够让学生接触更广泛的信息和观点，从而拓宽他们的思维视野。

四、围绕深度学习能力进行评价，在学习中设置持续改进措施

（一）强化反思，注重价值生成

深度学习理论强调学生的主动参与和反思能力，认为这是提升学生核心素养的重要途径。在语文阅读教学中，教师应鼓励学生进行自我反思，通过反思自己的阅读过程和理解深度，学生能够更好地认识到自己的学习需求和发展潜力。这种反思不仅涉及是否掌握知识，还包括是否合理运用学习策略和方法，以及是否形成正确的情感态度和价值观。

在实施深度学习的过程中，教师可以设计一系列的活动来促进学生的自我反思。例如，教师可以让学生在阅读完一篇文章后，写下自己的阅读感受和对文章的理解，然后与同伴分享和讨论。这样的活动不仅能够帮助学生梳理自己的思路，还能够让他们从同伴的反馈中获得新的视角和启发。教师还可以引导学生思考阅读策略的有效性，比如提问："你在阅读时使用了哪些策略来帮助你理解文章？"或者"你认为哪些策略对你最有效？为什么？"通过这样的问题，学生可以更加深入地思考自己的学习方法，并在未来的学习中作出相应的调整。

教师还可以鼓励学生反思自己的情感态度和价值观。在阅读文学作品时，教师可以让学生探讨作品中的主题和人物行为，引导学生思考这些主题和行为如何与自己的生活经验和价值观相联系。例如，教师可以问："这篇文章中的人物面临的道德困境，你认为应该如何解决？"或者"你认为作者通过这个故事想要传达什么样的价值观？"通过这样的讨论，学生不仅能够加深对文本的理解，还能够

在反思中形成自己的价值观念。

通过强化反思，学生能够生成新的价值观念，形成更深层次的认识和理解，从而在语文阅读中实现知识内化和能力提升。这种内化不仅体现为掌握文本知识，而且体现为能够熟练运用阅读策略、深刻体验情感态度以及深入思考文本展现的价值观。学生通过反思，能够将阅读中获得的知识与自己的经验相结合，形成自己的见解和判断，这是深度学习的核心目标。

在教学实践中，教师还可以利用日记、思维导图、学习日志等工具来帮助学生进行反思。这些工具可以帮助学生记录自己的学习过程，追踪自己的进步，以及识别自己的学习障碍。通过定期的反思和评估，学生可以更加清晰地认识到自己的学习状态，从而有针对性地进行学习调整。

（二）保持反馈，设置多元化阅读评价标准

深度学习理论认为，教学评价不应仅仅是对学习结果的评判，而应是一个涉及反馈和指导学生学习过程的持续的过程。在语文阅读教学中，教师应设置多元化的评价标准，这些标准不仅应包括学生对文本的理解程度，还应涵盖学生的批判性思维、创造性表达和合作学习能力。例如，在《精卫填海》的评价中，对基础薄弱学生可考查其对生字词的掌握与故事基本情节的复述，对基础好的学生可要求其深入分析人物形象与精神内涵。此外，还可以设计实践性评价，如让学生创作插画或编写故事，将阅读与实践结合，提升创新与实践能力。

第六章　深度学习理论下语文古诗词教学研究

第一节　深度学习理论下语文古诗词教学存在的问题

一、古诗词教学功利化，学生内部动机不足

在当前的教育体系中，古诗词教学往往受到应试教育的影响，呈现出明显的功利化倾向。这种倾向不仅影响了教学的质量，而且削弱了学生对古诗词的内在兴趣和学习动机。由于高考指向标的存在，很多教师在教授古诗词时，带着强烈的应试功利性，这种功利性导致学生的学习热情被扼杀。教师们可能会过分强调对古诗词的背诵和记忆，而忽视了古诗词背后的文化和历史背景，以及它们所蕴含的深刻情感和哲理。①

在这种教学模式下，学生往往只是为了应对考试而学习古诗词，而忽视了古诗词本身的文化价值和审美意义。学生们可能会将古诗词视为一种必须掌握的知识点，而不是一种可以深入探究和欣赏的艺术形式。这种态度导致学生在学习过程中缺乏主动性和创造性，他们可能不会去思考古诗词的深层含义，也不会去尝试理解诗人的创作意图和情感表达。

这种功利化的教育方式使得学生对古诗词的学习缺乏内在的兴趣和动机，难以形成长期的学习兴趣和自我驱动的学习态度。学生可能会在考试结束后迅速忘记所学的内容，而不是将古诗词作为一种持续学习和欣赏的对象。这种短视的学习方式不仅限制了学生对古诗词的深入理解，而且阻碍了传统文化的传承和发展。

为了解决这一问题，教育者需要重新审视古诗词教学的目标和方法。首先，教师应该将古诗词教学的重点从单纯的记忆和应试转移到培养学生的文学素养和审美能力上。这意味着教师需要设计更加丰富多样的教学活动，如讨论、写作、表

① 顾春勇．深度学习视域下的“古诗词诵读”板块教学路径例谈 [J]. 中学教学参考，2022（36）：7–9.

演等，让学生在实践中学习和体验古诗词的魅力。

其次，教师应该鼓励学生对古诗词进行个性化的解读和表达。每个学生都有自己独特的生活经验和情感体验，教师可以通过引导学生联系自己的生活实际，来理解和感受古诗词中的情感和哲理。这样的教学方式不仅能够激发学生的学习兴趣，还能够帮助他们建立起对古诗词的个人情感联系。

最后，教师应该重视古诗词教学的情感教育功能。古诗词是中华民族情感表达和文化传承的重要载体，通过古诗词教学，学生可以学习到如何表达和理解情感，如何欣赏和创造美。

二、对古诗词的文本解读一元化，浮于表层

在当前的古诗词教学中，文本解读的一元化现象普遍存在，这不仅限制了学生的思维发展，还削弱了古诗词教学的深度和广度。教师在教学过程中，往往倾向于提供一种标准化的解读，这种解读通常是根据教学大纲或者教材的指导思想来制订的，它忽视了古诗词文本本身的多义性和开放性。这种做法导致学生对古诗词的理解停留在表层，缺乏深入的思考和个性化的解读，从而无法真正领会古诗词的丰富内涵和艺术魅力。

教师在教学过程中，往往忽视了引导学生深入思考古诗词所表达的情感、态度、价值观，并从中感悟传统文化的内涵和精神。古诗词不仅是语言的艺术，而且是情感和思想的载体。它们蕴含着诗人对生活的深刻感悟、对自然的热爱、对社会的批判以及对理想的追求。然而，一元化的文本解读往往将这些丰富的情感和思想简化为几个关键词或者概念，使得学生难以体会到古诗词的深层意义。

由于课时不足和教学资源的限制，教师往往无法提供足够的时间和空间让学生进行深入的文本分析和讨论。在有限的课堂时间内，教师需要完成教学大纲规定的教学任务，这导致古诗词的教学往往流于形式，无法深入挖掘文本的深层含义。学生在这样的教学环境下，很难有机会进行深入的思考和讨论，难以形成自己对古诗词的独到见解。

改变这种状况者需要采取多种措施。首先，教师应该鼓励学生进行多元化的文本解读，允许并鼓励学生提出自己的观点和理解。这种多元化的解读不仅能够激发学生的学习兴趣，还能够培养他们的批判性思维能力。教师可以通过设置开放性的问题，引导学生从不同的角度思考古诗词，比如从历史背景、诗人生平、

文学流派等多个维度进行分析。

教师应该利用现代教育技术，如多媒体教学资源等，为学生提供丰富的学习材料，帮助他们更好地理解古诗词的背景和内涵。通过视频、音频、图片等多种形式的辅助，学生可以更直观地感受到古诗词的情感和意境，从而加深对文本的理解。

教师应该设计更多的互动方式和探究式学习活动，让学生在实践中学习和体验古诗词。例如，可以组织学生进行角色扮演、模拟对话、诗歌创作等活动，让学生在亲身体验中感受古诗词的魅力，从而提高他们的文本解读能力。

教师应该重视培养学生的文学鉴赏能力，而不仅仅是重复和记忆知识。教师通过引导学生欣赏古诗词的韵律美、意境美和情感美，可以帮助他们建立起对古诗词的深刻理解和持久兴趣。

三、情感内容重视不够，情感素质有待提高

古诗词作为中华文化的瑰宝，承载了丰富的历史信息和深厚的文化底蕴，更集中体现了中华文化的情感表达和审美价值。然而，在实际的教学过程中，这些情感内容往往没有得到足够的重视，导致古诗词教学的效果大打折扣。教师在教学过程中往往更多地关注文本的知识性内容，而忽视了情感教育的重要性。通过这种偏向知识的教育方式，学生在古诗词学习中难以体验到情感的共鸣和审美的愉悦，从而影响了他们情感素质的提升。

情感教育在古诗词教学中的重要性不言而喻。古诗词中的情感表达是诗人内心世界的直接反映，它们包含了对自然、社会、人生等诸多方面的深刻感悟。通过古诗词的学习，学生可以感受到诗人的情感波动，理解他们的思想情感，从而培养自己的情感共鸣能力。然而，当前的教学模式往往将古诗词的情感教育边缘化，使得学生无法深入体会古诗词的情感内涵，难以形成对古诗词的深刻理解和持久兴趣。

由于没有深入地学习古诗词的情感和思想内涵，学生在理解和欣赏古诗词时往往缺乏深度和共鸣。古诗词的学习是对文字的记忆和理解，更是一种情感的体验和思想的交流。学生在学习古诗词时，如果不能深入理解诗人的情感和思想，就无法真正领会古诗词的艺术魅力，也就难以在情感上产生共鸣。这种学习方式，不仅限制了学生的情感发展，还影响了他们的审美能力。

为了提高学生的情感素质，教师需要在古诗词教学中重视情感教育。

教师应该在教学中引入情感教育的理念。在实际教学中，教师应将情感教育融入古诗词的教学内容和教学方法中。教师可以通过创设情境、角色扮演等方式，让学生置身于诗人的情感世界中，体验诗人的情感变化，从而培养学生的情感共鸣能力。

教师应该引导学生进行情感体验和情感表达。在古诗词的学习过程中，教师可以鼓励学生将自己的情感体验与诗人的情感进行对比，从而加深对古诗词情感的理解。同时，教师也可以鼓励学生通过写作、绘画、音乐等多种方式表达自己对古诗词的情感体验，从而提高学生的情感表达能力。

教师应该重视古诗词的审美教育。古诗词中蕴含着丰富的审美价值，教师可以通过引导学生欣赏古诗词的韵律美、意境美、形象美等方面，培养学生的审美能力。同时，教师也可以通过比较不同诗人、不同流派的古诗词，让学生感受不同的审美风格，从而提高学生的审美鉴赏能力。

教师应该注重古诗词与学生生活的联系。古诗词中的情感和思想与学生的生活经验有着密切的联系，教师可以通过引导学生联系自己的生活实际，来理解和感受古诗词中的情感和思想。这种联系不仅能够激发学生的学习兴趣，还能够培养学生的情感共鸣能力。

教师应该重视古诗词教学的评价机制。在评价古诗词教学效果时，不仅要考查学生的知识掌握情况，还要考查学生的情感体验和审美能力。多元化的评价机制可以激励学生在古诗词学习中投入更多的情感，从而提高学生的情感素质。

第二节　深度学习理论下语文古诗词教学原则

深度学习理论在古诗词教学方面非常重要，可以促进古诗词教学目标的设定、教学环节的实施、教学方法的选择、教学内容的整合以及教学反思和评价提升。为了实现基于深度学习理念的古诗词教学，应该依据深度学习的特征展开教学活动。具体教学原则如下。

一、古诗词文本内容与知识体系相整合的原则

古诗词教学具有作品风格多样、知识点零散的特点，教学难度远高于现代文本。基于深度学习理论下的古诗词教学，应注重对古诗词文本内容与知识体系进行整合，关注文本内容各要素之间关系，从整体上对教学内容进行整合与分析，根据学生思维发展的现状，克服古诗词教学知识零散化与知识体系碎片化的困难，使古诗词教学朝着深层化与系统化的方向前进。[①]

教师在进行文本教学时，应关注古诗词内容之间的整合，使学生理解以文本知识为核心的诗词内涵全貌。在教授古诗词过程中，应对古诗词创作的时代背景、作者生平、文化背景等进行分析整合，呈现于学生眼前的诗词内容背后是作者生存生长的整个时代，因此对古诗词创作的整体背景进行分析有利于学生真正理解知识，符合深度学习理念下以促进学习者理解知识本质的特点。除了创作背景与文本之间的整合，教师进行文本教学也要注意文本评价的整合性。教材上的古诗词历经岁月，专家学者对其分析与评价各有不同。因此，在进行古诗词分析时，教师应注重将不同的观点、分析进行整合，使学生获得文本知识的完整信息，在批判的基础上吸收知识，理解知识背后多维的知识价值与艺术价值。

此外，教师还要注重对学生知识体系的建构引导。按照整合性原则，教师需要整合古诗词知识体系，协助学生构建知识框架，指导学生选择科学的认知策略，从而激活先前学过的知识并将其与后期的知识建立有意义的联系。教师可选择任一主题针对古诗词进行大单元教学，对众多具有联系的文本进行重新组合，概括出主题下所选内容的知识结构，围绕教学目标中的重难点，使古诗词教学目标更加深入。深度学习理论下的古诗词教学关注文本整体性理解与学生知识体系的架构，解决学习片段化的问题，使古诗词教学更富有价值。

二、师生对话、生本对话与生生对话相结合原则

教学过程本质上是一个认识过程，其最基本、最主要的矛盾是学生与所学知识之间的矛盾。进行深层对话是实现古诗词深度学习的重要方式之一，也是解决古诗词教学活动矛盾的关键。在古诗词教学过程中，要解决学生与所学诗词的矛盾，即认识客体之间的矛盾，必须遵循对话性原则，即加强师生对话、生本对话、生生对话，搭建起教学主体之间的教学桥梁与学习主客体之间的学习支架，使古

① 杨洁 . 开展探究学习，深度鉴赏诗词 [J]. 中学课程辅导，2017（1）：83.

诗词教学往纵深向发展。

根据《义务教育课程方案和课程标准（2022年版）》中对教学过程本质的描述，教学的实质是教师教与学生学的统一，其实质是交往。因此在古诗词教学活动中，师生之间的对话是使学生学习客观知识的关键点，使学生对古诗词的理解与学习古诗词能力不断得到深化与发展。在这个过程中，教师充当教学领导者的角色，以诗词内容为核心，通过与学生深入对话，全面掌握教学内容，提高自己的教学水平，实现对学生的探索式教学指导，从而跨越记忆水平和理解水平的限制。同时，教师通过引导和帮助学生，建立学生与古诗词文本之间的沟通桥梁。师生之间的对话是教师基于学生原有认知结构中已有知识，对一系列新知识进行加工，使之还原的过程。教师对文本全方位、多维度的讲解后，学生能够接收新授知识，深入理解文本深层含义，锻炼自身的思维能力。在教学过程中教师有目的地创设具有一定情绪色彩的生动具体的场景，以引起学生对古诗词的情感体验，使古板的文字在教师的设计下变得富有色彩。师生对话有助于学生深入理解教材，培养心理技能和提高思维能力。

教学认知过程包括学生的认识过程。学生是认识的主体，教学内容是认识的客体。要实现学生掌握知识的教学效果，就离不开学生与文本之间的对话。教学认知过程是教育活动中的核心环节，它涉及学生如何通过与教学内容的互动来构建知识、发展思维和提升能力。在这个过程中，学生是认识的主体，他们通过主动的思考和探索来吸收和理解教学内容。而教学内容则是认识的客体，它为学生提供了学习和思考的对象。要使学生掌握好知识，就需要建立起学生与文本之间的有效对话，这种对话不仅是学生与文本之间的互动，而且是学生与教师、学生与学生之间的互动。

首先，学生与文本之间的对话是认知过程的起点。在古诗词教学中，学生需要通过阅读、理解和分析古诗词文本，来获取知识、感受情感和启发思考。这种对话不是单向的信息传递，而是双向的交流和互动。学生在阅读古诗词时，不是被动地接受信息，而是主动地提出问题、寻找答案和形成见解。教师的定位在于引导和促进这种对话，通过提问、讨论和反馈等方式，激发学生的思考和兴趣，帮助他们深入理解文本。

其次，学生与文本之间的对话需要建立在深度理解和批判性思维的基础上。深度学习理论强调学生应该超越表面的记忆和重复，深入知识的内在结构和本质特征。在古诗词教学中，这意味着学生不仅要记住诗句内容，而且要理解诗句背后的文化背景、诗人的情感态度和诗歌的艺术特色。教师可以通过引导学生进行比较分析、主题探讨和跨文化研究等活动，帮助他们建立起对古诗词的深度理解。

此外，教师引导学生与文本对话时还需要关注学生的个体差异和认知风格。每个学生都有自己独特的认知特点和学习偏好，教师应该尊重这些差异，并根据学生的不同需求提供个性化的教学支持。例如：对于视觉型学习者，教师可以提供图文并茂的教材和多媒体资源；对于动手操作型学习者，教师可以设计角色扮演、诗歌创作等实践活动。通过这种方式，教师可以帮助每个学生找到适合自己的学习路径，从而更有效地与文本进行对话。

学生与文本之间的对话还应该扩展到学生与学生之间的互动。在小组讨论、合作学习和同伴评价等活动中，学生可以分享自己的想法，听取他人的观点，从而拓宽自己的视野、深化自己的理解。这种互动不仅能够促进知识的交流和思维的碰撞，还能够培养学生的沟通能力和合作精神。

教师在这一过程中扮演着至关重要的角色。他们不仅是知识的传递者，还是学习的引导者和促进者。教师需要通过精心设计的教学活动和有效的教学策略，来激发学生的学习动机，引导他们进行深入的思考和探索。教师还需要通过及时的反馈和评价，来帮助学生认识到自己的进步和不足，从而调整学习策略和提高学习效果。

总之，教学认知过程是一个复杂而动态的过程，它涉及学生、教师和教学内容之间的多维互动。需要建立起学生与文本之间的有效对话，这种对话不仅是学生与文本之间的互动，还是学生与教师、学生与学生之间的互动。通过这种对话，学生可以主动地构建知识、发展思维和提升能力，从而实现深度学习和全面发展。教师需要不断地探索和创新教学方法，以适应不同学生的需求和促进学生的全面发展。

三、面向学生的发展性教学原则

教学的根本任务在于促进学生的全面发展和个性发展，这要求教师在教学过程中不仅要传授知识，还要关注学生的个体差异和内在潜能。基于深度学习视域下的古诗词教学，应遵循发展性教学原则，这意味着教师在安排教学活动时，必须设计适合学生发展水平的教学活动，确保教学难度既不会过低，使学生感到无聊，也不会过高，导致学生产生严重挫败感。教师作为学生学习与发展道路上的引路人，需要对学生的学习行为进行合理评价，对学生学习成果进行客观的价值判断，以促进学生的全面发展。

深度学习并不是简单地增加知识的难度和深度，而是根据学生的认知发展规律和人格发展规律，为学生安排符合其发展特点的学习活动。在高中古诗词教学中，教师应该考虑学生的发展水平，根据学生已经掌握的基本能力，结合学生的最近发展区，设计出适合学生全面发展和个性发展的教学活动。古诗词教学具有知识难度大、学生学习动机弱、思维不够深入的特点，教师应基于深度学习理论更新教学观念。

在知识的理解上，教师应强调以学生内在知识结构为基础，建立新旧知识合理联系，深化学生对知识多维价值的理解与掌握。这意味着教师需要帮助学生建立起古诗词与他们已有知识之间的联系，让学生能够从不同的角度和层面去理解和欣赏古诗词。例如，教师可以通过比较不同诗人的作品，让学生发现诗歌中的共同主题和不同表达方式，从而加深对诗歌深层含义的理解。

在学生的学习动机上，教师应着重培养学生内部动机，从个体内部激发学生发展的潜力，提升学生对知识的行为投入与情感投入。教师可以通过创设情境、激发兴趣、提供挑战等方式，激发学生的学习热情，使学生能够主动地参与学习过程。例如，教师可以组织学生进行古诗词朗诵比赛或者创作自己的诗歌，让学生在实践中体验学习的乐趣，强化学习的内在动机。

在思维深度上，教师通过一系列结构化、层次化问题设计对学生进行思维训练，培养学生思考习惯，使学生形成高阶思维，促进学生的发展。教师可以设计不同层次的问题，从记忆、理解到应用、分析、评价和创造，逐步引导学生深入思考。例如，教师可以让学生分析诗人如何通过特定的意象和修辞手法来表达情感，或者让学生评价不同诗歌的美学价值，从而锻炼学生的批判性思维和创造性思维。

此外，教师还应该关注学生的个性化发展，尊重学生的个性差异，为每个学生提供适合其特点的学习路径。教师可以通过个别辅导、差异化教学等方式，满足不同学生的需求。例如：对于对古诗词有特别兴趣的学生，教师可以提供更多的阅读材料和创作机会，鼓励他们进行深入研究；对于在语言学习上遇到困难的学生，教师可以提供更多的语言练习和辅导，帮助他们克服困难。

总之，基于深度学习视域下的古诗词教学要求教师从学生的认知发展和人格发展出发，设计适合学生发展水平的教学活动，关注学生的全面发展和个性发展。教师应通过合理的教学设计、有效的教学评价和个性化的教学支持，促进学生的深度学习和全面发展。通过这样的教学实践，学生不仅能够掌握古诗词的知识，而且能够发展出独立思考和创新的能力，为他们的终身学习和个人成长打下坚实的基础。

四、构建启发性课堂教学原则

深度学习理论强调学生学习的主动性与教师对学生合理的启发引导。教师的教学活动受到教育理念的影响，体现教育理念在教学活动中的价值指引性。在教授古诗词时，教师通常会受教学任务和升学压力的影响，导致他们忽视了学生在课堂上的学习主体地位，并且没有为学生提供启发和引导，进而使课堂出现了单向输出的情况。深度学习强调在教学过程中激发学生学习的主动性，鼓励学生扮演学习的主导者角色，尽可能调动学生对学习的热情。在古诗词课堂贯彻启发性原则是古诗词课堂打破困境的重要途径，从明确学生地位与开发教学内容两方面开启古诗词课堂新面貌。

首先，从教学主体角度来看，在古诗词教学中贯彻启发性原则，拓宽“知识授受”的内涵，确立学生“意义建构者”的身份，明确古诗词教学的核心取向的重要途径。指向深度学习的古诗词课堂拓宽了传统讲授教学法，要求教师以引导者的姿态出现，对学生进行启发式教学，对知识不再单一地进行讲解，而是通过有效的谈话与提问，使学生对知识进行独立性思考。在课堂上，教师需摒弃古诗词教学为背而背、为学而学的窠臼，超越以教师在讲授为主的维度来探析学生在原有认知的基础上对古诗词的真正思考，让学生作为学习主体参与真实而生动的课堂。通过重新确立学生学习者的身份，明确古诗词教学课堂的核心取向，在课堂中创设鼓励多元表达的教学环境与氛围，延伸学生对文本深层解读的效能以及建构知识意义的能力，使古诗词教学中的新知识与学生认知世界中原有旧知识发生碰撞，产生真正的深度理解。在此基础上，学生在头脑中建立起有关新知识的意义，通过思维的转换与处理进行表达，成为知识的意义构建者与言语的自我实现者，实现深度学习。

其次，从教学内容层面来看，启发式教学原则下古诗词教学要超越“固定模板”的传统教学方式，师生共建古诗词教学课堂新模式，多元开发古诗词课堂教学内容。在整合古诗词知识体系，帮助学生建构知识图式的过程中，教学内容不是一成不变的，静态的教学内容会在师生的相互作用中发生改变。深度学习理论强调高阶思维的形成，其实现离不开启发学生对文本进行综合性与开放性的思考。古诗词教学中常有为考试中得高分而固化古诗词学习内容的教学模式出现，针对考题对文本进行学习，易致使课堂气氛死气沉沉，学生对教学内容感到厌倦、丧失学习兴趣。深度学习视域下古诗词教学倡导教师对学生进行积极的引导，启发学生对教学内容产生新的质疑与学习角度，充分开发古诗词课堂学生通过文本去感知生命、涵养品性、传承知识的能力，打破原有固化的教学模式。在教学内容上，教师要突出启发性与探究性，在教学过程安排上注重新颖性与多样性，在启发过程中强调激励性与差异性，使古诗词课堂充满生命力与创造力，更正传统课堂固化教学内容的谬误，激活学生无限的潜力，与人类崇高的精神对话。在古诗词的课堂中贯彻启发性原则是师生深入古诗词学习、生成新的教学内容与教学模式的关键点。

第三节　深度学习理论下语文古诗词教学实施策略

一、搭建学习支架，促进文本深层解读

（一）问题支架——依托活动，梳理层次

问题支架在深度学习理论下的语文古诗词教学中扮演着至关重要的角色。它通过设计具有挑战性的问题和活动，不仅能引导学生深入文本，而且能帮助学生理解和梳理古诗词层次结构。这种方法的核心在于教师提出的问题能够激发学生思考的热情，让学生在解决问题的过程中，逐步深入理解古诗词的内容和形式。

在实施问题支架时，教师需要精心设计问题，这些问题应当具有启发性，能够引导学生主动探索和发现。例如，在教学关于景观的诗词时，教师可以提出以下问题：“这首诗描绘了哪些自然景观？”“诗人是如何通过这些景观表达自己的情感的？”“诗中的哪些字词体现了诗人的情感变化？”这些问题能够引导学生从不同的角度去理解和分析诗歌，从而深入把握诗歌的内涵。

在解决问题的过程中，学生需要通过自由阅读、小组讨论、角色扮演等多种方式，讨论诗歌的内容，以及诗歌的节奏和韵律。这样的活动不仅能够提高学生的语文素养，还能够锻炼他们的合作能力和批判性思维。通过小组讨论，学生可以相互启发，共同探讨诗歌的深层含义，这样的互动过程有助于学生形成更加全面和深入的理解。[①]

此外，问题支架还鼓励学生进行跨学科的学习。在分析古诗词时，学生不仅需要运用语文知识，还需要结合历史、地理等其他学科的知识。例如，在探讨《望天门山》一诗时，教师可以引导学生了解天门山的地理位置和历史背景，以及李白创作这首诗时的社会环境。这样的跨学科学习能够帮助学生建立起更加立体的知识结构，从而更好地理解诗歌的深层含义。

问题支架的实施还需要教师对学生的反馈进行及时的引导和调整。教师应当根据学生的回答和讨论，适时地提出更深层次的问题，或者对已有的问题进行深化和拓展。这样的互动不仅能够激发学生的思考，还能够确保教学活动始终围绕古诗词的核心内容展开。

总之，问题支架是一种有效的教学策略，它通过设计具有挑战性的问题和活动，引导学生深入文本，梳理和理解古诗词的层次结构。这种方法不仅能够提高学生的语文素养，还能够培养他们的批判性思维和跨学科学习能力。在教学古诗词时，教师可以通过提出具有启发性的问题，引导学生通过自由阅读、小组讨论等方式，识别并讨论诗中的生字词，以及诗歌的节奏和韵律，从而加深对诗歌的理解。通过这种方式，学生不仅能够掌握古诗词的基本知识，还能够培养出对古诗词深层次的理解和欣赏能力。

（二）情境支架——立足意象，着眼整体

在深度学习理论下的语文古诗词教学中，情境支架是一种重要的教学策略。它通过构建与古诗词内容紧密相关的情境，使学生能够立足诗歌的意象，从整体上把握诗歌的意境和情感。这种方法的实施，可以通过多媒体教学、角色扮演等多样化的活动来实现，让学生在特定的情境中体验和感受诗歌的内涵，从而更深刻地理解诗歌。

在具体的教学实践中，教师可以利用多媒体技术，如播放与诗歌内容相关的

① 王颖．古诗词教学中文化传承与创新路径探索 [J]. 天津教育，2024（34）：75-77.

素材，来营造一个接近诗歌背景的情境。例如，在教授王之涣的《登鹳雀楼》时，教师可以展示黄河和鹳雀楼的图片，让学生在视觉上感受到诗中的壮阔意境和诗人的豪情。通过这样的视觉刺激，学生能够更加直观地理解诗歌中的意象，如“白日依山尽，黄河入海流”所描绘的景象，进而体会诗人的胸怀和情感。

角色扮演是另一种有效的情境支架策略。教师可鼓励学生扮演诗人或诗中的人物，通过模拟诗人的视角和情感来体验诗歌的内涵。例如，在教授杜甫的《春望》时，教师可以让学生扮演诗人，站在“国破山河在”的背景下，表达对战争的忧虑和对和平的渴望。通过这样的角色扮演，学生不仅能够理解诗歌表达的情感，还能够深刻体会到诗人的社会责任和人文关怀。

情境支架的实施，还可以结合现场教学或实地考察。教师可以组织学生参观与诗歌相关的名胜古迹，如在教授苏轼的《赤壁赋》时，带领学生参观赤壁古战场，让学生在实地感受历史的氛围，从而更深刻地理解诗歌中的历史意象和诗人的情感。

此外，情境支架还可以通过诗歌朗诵、戏剧表演等形式来实现。在这些活动中，学生可以通过声音、肢体语言和表情来表达诗歌的情感，这样的多感官体验有助于学生更全面地理解诗歌的意境。

情境支架的实施，要求教师具备高度的教学设计能力和创新能力。教师需要根据诗歌的内容和学生的特点，设计出合适的情境活动，确保学生能够在活动中获得深刻的体验和感悟。同时，教师还需要在活动后引导学生反思和讨论，帮助学生将体验转化为对诗歌的深层次理解。

总之，情境支架是一种能够让学生在特定情境中体验和感受诗歌内涵的教学策略。通过多媒体教学、角色扮演、现场教学等多样化的活动，学生能够立足诗歌的意象，从整体上把握诗歌的意境和情感。这种策略不仅能够提高学生的语文素养，还能够培养他们的想象力、创造力和同理心，使他们在学习古诗词的过程中获得更加丰富和深刻的体验。

（三）背景支架——知人论世，深入悟情

背景支架在深度学习理论下的语文古诗词教学中同样占据着举足轻重的地位。它强调通过提供诗人的生平背景和诗歌创作的历史背景，帮助学生深入理解诗歌的情感和价值。这种方法要求教师在教学中不仅要关注诗歌本身，还要关注

诗歌背后的文化和历史背景。通过了解诗人的生活经历和创作背景，学生可以更深入地感悟诗歌中的情感和思想。

在实施背景支架时，教师可以通过多种方式来呈现这些背景信息。首先，教师可以利用课堂讲解，详细介绍诗人的生平和创作背景。

其次，教师还可以利用多媒体资源，如纪录片、历史剧等，来生动地展示诗歌创作的时代背景。通过观看这些视频资料，学生可以直观地感受到诗人生活的时代氛围，从而更好地理解诗歌中的情感和思想。

最后，教师还可以组织学生进行课外阅读和研究，鼓励他们自己去探索诗人的生平和诗歌创作的背景。通过阅读诗人的传记、历史书籍和相关研究资料，学生可以全面地了解诗人的生活经历和创作动机，从而深入地理解诗歌的内涵。

实施背景支架时还可以结合实地考察和文化体验活动。教师可以组织学生参观历史遗址或者相关的文化展览，让学生在亲身体验中感受诗人的生活状态和创作环境。这种亲身体验可以帮助学生建立起自身与诗人的情感联系，从而更深刻地理解诗歌蕴含的情感和价值。

二、改善教学方式，培养高阶思维

（一）运用“文本召唤结构”，促进多元解读

“文本召唤结构”是一种文学理论概念，它强调文本中那些能够激发读者好奇心和探索欲的元素，这些元素促使读者主动参与文本的解读。在古诗词教学中，这一概念尤为重要，因为它能够帮助学生深入挖掘文本的深层含义，从而促进对古诗词的多元解读。

在实施“文本召唤结构”的教学策略时，教师的角色转变为引导者和促进者，而不是单纯的知识传递者。教师需要精心设计问题，这些问题应当能够触及学生的思考，激发他们的好奇心，引导他们去探索文本中的“空白”或隐含意义。例如，在教授李白的《静夜思》时，教师可以提出这样的问题：“诗中的‘床前明月光’让你想到了什么？”“诗人为什么会在夜晚思念故乡？”这些问题没有固定的答案，它们鼓励学生根据自己的理解和经验去填充诗中的“空白”，形成个性化的解读。

这种教学方法不仅能够提高学生的语文素养，还能够培养他们的批判性思维和创造性思维。学生在探索文本的过程中，需要运用自己的知识背景和生活经验，

对文本进行深层次的分析和解读。这样的过程有助于学生发展独立思考的能力，同时能够增强他们对古诗词的理解和欣赏能力。

在实际操作中，教师可以采用多种教学活动来实现“文本召唤结构”的教学目标。例如，可以组织学生进行小组讨论，让每个学生都有机会表达自己的观点。在讨论中，学生可以相互启发，共同探讨诗歌的深层含义。此外，教师还可以鼓励学生进行角色扮演，让他们站在诗人的角度去感受和表达诗歌中的情感，以帮助学生更深入地理解诗歌的内涵。

除了小组讨论和角色扮演外，教师还可以利用现代教育技术，如多媒体和网络资源，来丰富教学内容和形式。例如，教师可以播放与诗歌内容相关的视频或音乐，让学生在视听的刺激下，直观地感受诗歌的情感和意境。同时，教师还可以引导学生利用网络资源，查找与诗歌相关的背景资料，如诗人的生平、创作背景等，让学生在广阔的知识背景下理解诗歌。

（二）通过新旧知识对比，锻炼整合思维

对比新旧知识，锻炼整合思维是深度学习理论下语文古诗词教学的重要策略之一。这种策略的核心在于通过对比新学的诗歌与学生已知的诗歌，帮助学生发现不同诗歌之间的联系和区别，从而加深对诗歌的理解，并锻炼他们的整合思维能力。

在实施这一策略时，教师首先需要对学生已有的诗歌知识有一个清晰的了解，这样才能有效地选择与新学诗歌有关联的旧知识进行对比。例如，在学习杜甫的《春望》时，教师可以引导学生回顾之前学过的关于春天的诗歌，如孟浩然的《春晓》。通过对比两首诗中对春天的不同描述和情感表达，学生可以更深入地理解杜甫在《春望》中所表达的忧国忧民之情，以及孟浩然在《春晓》中所体现的闲适自得之情。

这种对比不仅能够帮助学生理解诗歌内容，还能够锻炼他们的批判性思维和分析能力。在古诗词学习中，学生需要分析诗歌的形式、主题、情感等多个方面，找出相似之处和差异之处，这样的过程有助于他们形成更加全面和深入的理解。例如，在对比《春望》和《春晓》时，学生可能会发现两首诗都提到了春天的景象，但杜甫强调的是春天的荒凉和战争的破坏，而孟浩然则描绘了春天的生机和宁静，这种对比有助于学生理解不同诗人对同一主题的不同处理方式。

新旧知识对比还可以通过小组讨论的形式进行。教师可以将学生分成小组，每组负责对比一首新学的诗歌和一首已学的诗歌。在小组讨论中，学生可以相互交流自己的观点和发现，共同探讨诗歌之间的联系和区别。这种合作学习的方式不仅能够提高学生的参与度，还能够促进他们之间的思想交流和知识整合。

教师还可以利用信息技术辅助新旧知识对比的教学。例如，教师可以创建一个在线讨论平台，让学生在平台上分享自己的对比分析，其他学生可以对这些分析进行评论和补充。这样的在线互动不仅能够扩大学生的交流范围，还能够让他们接触到更多的观点和想法，从而促进知识的整合和思维的发展。

（三）制订开放教学策略，提升创造性思维

制订开放教学策略是深度学习理论下语文古诗词教学中提升学生创造性思维的重要方法。这种策略通过提供开放性的问题和任务，鼓励学生进行创造性思考，从而激发他们的想象力和创新能力。在古诗词教学中，教师可以设计一些开放性的问题，如“如果你是诗人，你会如何表达这种情感？”或者“这首诗歌让你想到了什么？”这样的问题能够激发学生的创造性思维，使他们从不同角度理解和欣赏古诗词。

开放性问题的设计需要教师具备高度的教学智慧和创新能力。教师需要根据诗歌的内容和学生的特点，设计出能够引发学生深入思考的问题。这些问题应当具有一定的挑战性，但又不至于让学生感到无从下手。例如，在教授王维的《鹿柴》时，教师可以问“如果你是王维，你会在诗中描绘哪些景象来表达你的孤独感？”这样的问题不仅能够引导学生深入理解诗歌，还能够激发他们从诗人的角度去思考和创作。

除了提问以为，开放教学策略还包括让学生参与诗歌创作实践。教师可以鼓励学生模仿所学的古诗词风格，创作自己的诗歌。这种创作活动不仅能够让学生实践所学的诗歌知识，还能够锻炼他们的创造性思维。例如，在学习了杜甫的《春望》后，教师可以让学生尝试创作一首描绘春天景象的诗歌，但要求他们从与杜甫不同的角度出发，表达自己对春天的独特感受。

开放教学策略的实施还可以结合现代教育技术，如网络资源和多媒体工具。教师可以利用这些工具为学生提供丰富的创作素材和灵感来源。例如，教师可以引导学生在网络上查找与诗歌主题相关的图片、音乐或视频，然后将这些素材融

入自己的诗歌创作中。这样的活动不仅能够提高学生的信息技术应用能力，还能够拓宽他们的创作视野。

开放教学策略还可以通过学生之间的互动来实现。教师可以组织学生进行诗歌朗诵会或诗歌创作分享会，让学生在这些活动中相互交流和评价。这样的互动不仅能够提高学生的表达和沟通能力，还能够激发他们的创作热情和创新精神。

总之，制订开放教学策略是提升学生创造性思维的有效途径。在古诗词教学中，教师通过设计开放性的问题和任务，鼓励学生进行创造性思考，让他们从不同角度理解和欣赏古诗词。通过创作诗歌、应用现代教育技术以及和同学之间的互动，学生能够在教师的引导下，主动参与诗歌的学习和创作，形成更加丰富且深入的理解。这种策略的实施，对于培养学生的创造性思维能力，提高他们的语文素养具有重要意义。

三、立足审美价值，深化情感教育

（一）借助音韵美，以读促情

在深度学习理论的指导下，语文古诗词教学中的“借助音韵美，以读促情”策略，旨在通过朗读这一活动，让学生深入体验古诗词的音韵之美，进而激发和深化他们的情感体验。

1. 音韵感受

古诗词的音韵美是其艺术魅力的重要组成部分，它不仅体现在文字的排列组合上，还体现在朗读时的节奏和韵律中。在教学过程中，教师可以通过示范朗读，让学生感受到古诗词的韵律美。例如，通过朗读杜甫的《春望》，学生可以感受到诗句中的押韵以及平仄对应，这种音韵的和谐与节奏的把握，能够让学生在听觉上产生愉悦感，从而更愿意去深入探索古诗词的内涵。

2. 情感体验

朗读使学生不仅能够体验到古诗词音韵美，还能够体验到诗人情感。通过反复朗读，学生可以逐渐感受到诗人在创作时的情感波动，如李白的《静夜思》中，“床前明月光，疑是地上霜”，通过朗读，学生能够感受到诗人对故乡的深深思念和孤独感。这种情感的共鸣是深度学习的关键，它能够帮助学生建立起与古诗词的情感联系，从而更加深刻地理解和记忆古诗词的内容。

3. 朗读技巧

为了更好地传达古诗词的情感色彩，教师需要教授学生正确的朗读技巧，包括但不限于语调的起伏、语速的快慢、停顿的时机等。例如，在朗读苏轼的《水调歌头》时，教师可以指导学生在“明月几时有？把酒问青天”这一句中，通过降低语调、放慢语速来表达诗人对宇宙和人生的深沉思考。通过这样的技巧训练，学生能够更准确地把握古诗词的情感基调，从而更生动地传达诗人的情感。

4. 情感表达

在朗读古诗词时，鼓励学生尝试表达自己的情感是非常重要的。每个学生对同一首古诗词的理解和感受可能都有所不同，因此，教师应该鼓励学生在朗读时加入自己的理解和情感，通过声音的抑扬顿挫来传达对古诗词的理解和感受。例如，在朗读王之涣的《登鹳雀楼》时，学生可以通过改变语调来表达“欲穷千里目，更上一层楼”的豪迈情怀，或者“白日依山尽，黄河入海流”的壮阔景象。这样的情感表达不仅能够增强学生对古诗词的理解和记忆，还能够提升他们的语言表达能力和审美能力。

（二）呈现画面美，以境生情

在深度学习理论下，语文古诗词教学中的呈现画面美，“以境生情”策略，通过视觉、情境、想象和跨学科的整合，让学生在多维度上体验古诗词的美学价值，从而激发和深化他们的情感体验。

1. 视觉呈现

古诗词中常常蕴含着丰富的画面感，这些画面感可以通过多媒体技术得到生动的再现。在教学中，教师可以利用图片、视频等多媒体材料，将古诗词中描绘的自然风光、人物形象、历史场景等直观地展示给学生。例如，在学习王维的《山居秋暝》时，通过展示秋天山居的图片或视频，学生可以直观地感受到诗中“空山新雨后，天气晚来秋”的清新宁静。这种视觉呈现不仅能够帮助学生形成直观的视觉印象，还能够激发他们对古诗词情境的联想和想象。

2. 情境模拟

情境模拟是让学生置身于古诗词情境之中的有效方法。通过角色扮演、模拟场景等活动，学生可以更直接地体验诗人的情感和意境。例如，在教学苏轼的《赤壁赋》时，教师可以组织学生进行角色扮演，让学生扮演苏轼和其他历史人物，通过对话和表演，让学生体验诗人对历史的感慨和对自然的赞美。这种情境模拟活动不仅能够增强学生的情感体验，还能够提高他们的语言表达能力和创造力。

3. 激发想象

古诗词的意境往往需要读者的想象来完成。在教学中，教师可以鼓励学生发挥想象力，将自己置于诗人的视角，感受诗人所见所感。例如，在教授李白的《望庐山瀑布》时，教师可以引导学生想象自己站在庐山脚下，仰望瀑布的壮观景象，感受诗人“飞流直下三千尺，疑是银河落九天”的豪迈情怀。通过这样的想象激发，学生能够更深刻地理解古诗词的情感和意境，从而在情感上与诗人产生共鸣。

4. 跨学科整合

将美术、音乐等学科与古诗词教学相结合，是让学生从多角度感受古诗词美的有效途径。通过绘画、音乐创作等方式，学生可以从视觉和听觉上全面体验古诗词的美学价值。例如，在教学白居易的《琵琶行》时，教师可以引导学生创作与诗中描述的琵琶音乐相匹配的绘画作品，或者创作音乐作品来表现诗中的意境。这种跨学科整合不仅能够提升学生的艺术素养，还能够加深他们对古诗词情感和意境的理解。

（三）把握核心美，以知促情

1. 文化背景

古诗词是文学的瑰宝，也是文化的载体。深入讲解古诗词的文化背景和历史背景，对于学生理解诗人的创作动机和情感来源至关重要。例如，在教授杜甫的《春望》时，教师可以详细介绍安史之乱的历史背景，让学生理解诗人在国家动荡时期忧虑和无奈的心情。通过这样的背景介绍，学生不仅能够更好地理解诗歌内容，还能够感受到诗人深沉的爱国情怀和对和平的渴望。

2. 语言解析

古诗词的语言精练而富有象征意义，对关键词和意象的深入解析有助于学生理解其深层含义和美学价值。教师可以引导学生分析诗中的隐喻、拟人等修辞手法，以及它们如何增强诗歌的表现力。例如，在讲解李清照的《如梦令》时，教师可以解析“知否？知否？应是绿肥红瘦”中的“绿肥红瘦”意象，让学生理解该诗词不仅描绘了春天的景色，而且隐喻了诗人对青春流逝的感慨。通过这样的语言解析，学生能够更深刻地体会到古诗词的美学魅力。

3. 主题探讨

古诗词的主题和思想是其核心价值所在。教师通过引导学生探讨古诗词的主题和思想，可以加深他们对古诗词情感和哲理的理解。例如，在教学辛弃疾的《青玉案·元夕》时，教师可以组织学生讨论诗中的“东风夜放花千树”一句的内涵，让学生理解该诗词所表达的不仅是节日的喜庆景象，而且是诗人对国家兴衰的深刻思考。通过这样的主题探讨，学生能够从多个角度理解古诗词，提升自己的思维深度和广度。

4. 批判性思维

鼓励学生对古诗词进行批判性思考，是培养他们独立思考能力的重要途径。教师可以引导学生分析诗人的观点和情感表达，探讨其在当代社会的意义和价值。例如，在讲解白居易的《赋得古原草送别》时，教师可以鼓励学生思考诗中的“离离原上草，一岁一枯荣”对于现代人的生活态度有何启示。通过这样的批判性思考，学生不仅能够更深入地理解古诗词，还能够培养自己的批判精神和创新意识。

5. 情感共鸣

通过深入理解古诗词的内涵，学生能够与诗人的情感产生共鸣，这是深度学习的重要效果。例如，在教授苏轼的《江城子·乙卯正月二十日夜记梦》时，教师可以引导学生体会诗人对亡妻的深切怀念和无尽哀思。通过这样的情感共鸣，学生不仅能够感受到古诗词的情感力量，还能够在情感上与诗人建立联系，实现知识的内化和情感的升华。

第七章　深度学习理论下文言文教学研究

第一节　深度学习理论下对文言文教学的要求

文言文深度学习，是以深度学习理论为根基，以文言文为载体，学生在教师的引导下进行文言文学习的活动。在此学习活动中，学生能够积极主动地建构文言文知识体系，批判性理解文言文内容，提升自身思维能力、审美情趣，弘扬优秀传统文化，能够在实际生活中对文言文知识学以致用。深度学习是积极且有意义的，教师在学生学有困难的时候给予及时的指导，尊重学生的主体地位，让学生可以主动地参与探究文言文内容的活动，融合、联系新知识和旧知识，构建新的知识体系，提升学生解决问题的能力，促进知识的迁移运用。文言文深度学习可以激发学生的学习热情，在这个过程中，学生既学习到了文言知识，又培养和锻炼了文言能力。[①]

一、促进知识积累建构

文言文作为我国古代文化的瑰宝，蕴含着丰富的历史信息和文化内涵，学习文言文对于传承和发扬中华优秀传统文化具有重要意义。然而，文言文学习的内容庞杂多样，学习难度较大。学生在学习过程中常常感到疲倦，教师的教学也面临诸多挑战。文言文教学本身就是一个难点，由于其语言的晦涩难懂，学生学习文言文的热情普遍不高，甚至有些学生对文言文产生抵触情绪，认为其枯燥无味、难以理解，这些问题直接影响了文言文教学的效果。

文言文是我国古代优秀传统文化的结晶，蕴含着丰富的历史信息、文化内涵和思想智慧。从历史角度来看，文言文记录了古代社会的政治、经济、文化、科技等各个方面的发展变迁，是了解古代历史的重要窗口。例如，《史记》作为我国第一部纪传体通史，详细记载了从黄帝到汉武帝时期的历史事件、人物传记等，为

① 吴嘉伟．基于核心素养的文言文教学三重境界探究 [J]. 七彩语文，2024（44）：7-9.

我们研究古代历史提供了宝贵的第一手资料。从文化角度来看，文言文承载了古代的文学、艺术、哲学、宗教等文化元素，反映了古代社会的思想观念、价值取向和审美情趣。从思想智慧角度来看，许多古代思想家、文学家的名言警句、经典著作都以文言文的形式流传下来，如孔子的“学而时习之”，孟子的“天将降大任于斯人也，必先苦其心志，劳其筋骨”等，这些思想至今仍具有重要的现实意义和指导价值。

传承和发扬传统文化是我们义不容辞的责任。在全球化背景下，各种文化相互交融、碰撞，传统文化面临着被边缘化、被遗忘的风险。学习文言文，可以让学生深入了解中华文化的根源和精髓，增强文化自信和民族自豪感。通过学习文言文，学生能够认识到中华文化的独特魅力和博大精深，从而更加珍惜和传承这份宝贵的文化遗产。同时，文言文中的许多思想观念和价值理念，如仁爱、诚信、孝道、礼仪等，对于当代社会仍然具有重要的现实意义，能够引导学生树立正确的世界观、人生观和价值观。

教授文言文内容时，教师要注意知识之间的联系和建构，促使学生可以举一反三、触类旁通。文言文的学习不应是孤立的、零散的，而应是一个系统化、网络化的知识建构过程。教师可以通过多种方式来促进知识的积累和建构。首先，教师可以引导学生对文言文中的字词、句式进行分类整理，建立知识体系。例如，将常见的通假字、一词多义、古今异义、词类活用等现象进行归纳总结，让学生在学习过程中能够快速识别和理解这些现象，从而提高阅读和理解文言文的能力。其次，教师可以将文言文与现代文进行对比教学，让学生在比较中发现两者的异同，加深对文言文的理解。例如，在教授《桃花源记》时，教师可以与现代文中描写自然风光的文章进行对比，让学生体会文言文简洁、凝练的语言特点和独特的艺术魅力。此外，教师还可以将文言文与历史、文化、哲学等相关知识进行整合，构建跨学科的知识网络，使学生在学习文言文的同时，能够拓展知识面，提高综合素质。

教师教授文言文是为了学生在面对繁杂的文言文知识时，学生会用已有知识来联系新知识，或用某种通用的办法来解决一类问题。例如，在学习新的文言文篇目时，学生能够运用之前学到的字词解释方法、句式分析技巧等，自主地去理解文章的意思，而不是完全依赖教师的讲解。这样不仅能够提高学生的学习效率，还能培养学生的自主学习能力和创新思维能力。同时，学生在学习过程中能够发现文言文知识之间的内在联系，形成完整的知识结构，为今后的学习和运用打下坚实的基础。

学习文言文不仅需要读懂文章大意，而且要明白文章所要传达的文化内容和情感。文言文中的许多作品都蕴含着丰富的情感和深刻的思想，如《出师表》中诸葛亮对国家和民族的忠诚与担当，《岳阳楼记》中范仲淹“先天下之忧而忧，后天下之乐而乐”的高尚情怀等。教师在教学过程中，要引导学生深入挖掘文言文的文化内涵和情感价值，让学生在理解文章字面意思的同时，能够感受到作者的情感和思想，从而更好地理解文言文的文化意义和价值。例如，在教授《陈情表》时，教师可以引导学生体会李密对祖母的深厚感情和对孝道的坚守，让学生认识到孝道在中华文化中的重要地位，从而强化学生的道德观念和人文素养。

学习文言文的最终目标是能够学以致用——学生可以把学习来的文言文写作技巧用在现代文的写作当中。文言文虽然与现代文在语言形式上有所不同，但其写作技巧和表达方式仍然具有借鉴意义。例如，文言文中的对仗工整、用词凝练、句式多样等写作特点，都可以为现代文的写作提供灵感和借鉴。教师可以鼓励学生在写作时尝试运用文言文的一些写作技巧，如在描写景物时借鉴文言文的简洁明了，在表达情感时借鉴文言文的含蓄委婉等，从而提高学生的写作水平和表达能力。同时，学生在将文言文写作技巧运用到现代文写作中时，也能够更好地理解和掌握文言文的知识，实现知识的迁移和应用。而要完成这一点，积累、建构教学内容中的知识是少不了的。深度学习的知识建构为文言字词、句式的教学提供了一条捷径。深度学习强调对知识的深入理解和长期记忆，注重培养学生的批判性思维和问题解决能力。在文言文教学中，教师要引导学生深入理解文言字词、句式的含义和用法，而不仅仅是停留在表面的记忆和模仿。例如，在教授“之”字的用法时，教师不仅要让学生知道“之”字可以作为代词、助词等，还要引导学生理解“之”字在不同语境中的具体含义和作用，如在“之乎者也”中作为助词，表示语气的停顿和强调，在“之于”中作为介词，表示方向或对象等。通过深度学习，学生能够更好地掌握文言字词、句式的规律和特点，提高阅读和理解文言文的能力。

文言字词、句式若是单靠教师讲解既是枯燥乏味的，又不利于学生的深度学习。传统的教学方式往往以教师讲解为主，学生被动接受知识，容易导致学生对文言文的学习兴趣不高，学习效果也不理想。因此，教师需要转变教学方式，采用多样化的教学方法来激发学生的学习兴趣和主动性。例如，教师可以采用小组合作学习的方式，让学生在小组内讨论文言文的字词解释、句式分析等问题，相互启发、共同进步；可以利用多媒体教学手段，通过图片、视频、音频等生动形象地展示文言文的内容和情境，增强学生的学习体验；还可以开展文言文朗读比赛、文言文情景剧表演等活动，让学生在实践中学习和运用文言文知识，增强学习的趣味性和实效性。

基于深度学习理论的文言文教学不但要学生可以理解字面大意，而且要达到理解、辨析、运用的程度。教师在教学过程中要注重培养学生的高阶思维能力，如分析、综合、评价、创造等。例如：在教授《论语》时，教师可以引导学生分析孔子的教育思想、政治主张等，综合理解孔子的思想体系；在教授《左传》时，教师可以引导学生评价历史事件的得失、人物的优劣等，培养学生的批判性思维能力；在教授《庄子》时，教师可以鼓励学生发挥自己的想象力和创造力，对庄子的寓言故事进行改编或创作，培养学生的创新思维能力。通过深度学习，学生不仅能够理解文言文的字面意思，还能够深入理解文言文的文化内涵和思想价值，提高自己的文化素养和综合素质。

文言文多是一些字词（通假字、一词多义、古今异义、词类活用等）、句式辨析等，教师在此过程中要当一个引导者，通过造字法、字源字理知识，引领学生在诵读、练习时加深理解。例如，在教授“信”字时，教师可以引导学生了解“信”字的造字法，是由“人”和“言”组成，表示人说话要诚实可信，还可以引导学生探究“信”字的字源字理，如“信”字在甲骨文、金文、小篆等不同阶段的演变过程，以及其在不同语境中的具体含义和用法，如“信”字可以表示相信、信任、信用、书信等。通过这样的引导，学生能够更加深入地理解文言字词的内涵和特点，提高自己的文言文阅读和理解能力。

二、注重学生体验感悟

传统的文言文教学模式往往较为固化，课堂氛围较为沉闷，学生参与体验感不强。在这种模式下，课堂的主导者是教师，大部分时间是教师在讲授，学生则处于被动接受知识的状态。这种单向的知识灌输方式，使学生的参与感不强、体验度不高，导致学生对文言文的学习热情普遍不高，也难以达到教师期望的教学效果。例如，在教授《论语》时，教师可能会逐字逐句地讲解其含义，学生则机械地记忆，而无法真正理解孔子的思想精髓和文化内涵，学习效果自然大打折扣。

深度学习理论下的文言文课堂，强调学生在课堂上的体验与参与，认为学生是课堂的主人，教师则是课堂的引导者。在这种教学模式下，学生不再是被动的知识接受者，而是积极主动地参与文言文的学习和探讨活动。学生积极主动地获取知识与被动接收教师灌输的知识，其学习效果是截然不同的。积极主动的学习能够激发学生的学习兴趣和动力，使学生在学习过程中更加投入和专注，从而更好地理解和掌握文言文的知识。

学习本身不是一件容易的事情，而文言文又不同于白话文那样与我们的生活接触密切，学习起来更困难一些。这就更需要学生的主动参与，需要教师调动学生的主观能动性，使学生可以在文言文课堂中活跃起来。在学生的主动参与中，教师进行适当的引领，加深学生课堂的体验感。例如，在教授《桃花源记》时，教师可以引导学生分角色朗读，让学生扮演渔人、桃花源中的人等角色，通过角色扮演的方式，让学生更好地理解文章的情节和人物心理，从而加深对文章的理解和感悟。

在体验中加深情感感悟，感受中国古代传统文化的魅力，是深度学习文言文的重要目标。文言文蕴含着丰富的文化情感内涵，如《出师表》中诸葛亮对国家和民族的忠诚与担当，《岳阳楼记》中范仲淹“先天下之忧而忧，后天下之乐而乐”的高尚情怀等。教师要引导学生在学习过程中深入挖掘这些文化情感内涵，让学生在体验中感受古代文人的思想情感和价值追求，从而激发学生对文言文的兴趣和热爱。例如，在教授《滕王阁序》时，教师可以引导学生欣赏文章的优美语言和壮丽景象，同时让学生思考王勃在文章中所表达的怀才不遇、壮志难酬的情感，使学生在感受文章艺术魅力的同时，也能够理解作者的情感和思想，从而更加热爱文言文。

激发兴趣，引起热爱，进而提高教学效果，是注重学生体验感悟的最终目的。当学生在文言文课堂中能够积极参与、主动体验时，他们对文言文的兴趣和热爱也会随之产生。例如，在教授《师说》时，教师可以让学生自主归纳整理文言字词，如“师”“道”“之”等在文章中的不同意义。在自主学习的过程中，学生不仅能够更好地掌握文言字词的用法，还能够感受到学习的乐趣和成就感，从而提高对文言文的兴趣。再者，学生可以针对韩愈所倡导的从师观自由发表观点，联系自身实际，根据自己受教多年的经验说说自己的观点。在此过程中，既让学生参与了课堂，也使学生发现文言文也并没有那么枯燥，文言文的文化情感内涵是可以适用于当今时代的，从而加深对文言文的喜爱。

教师还可以通过多样化的教学活动来增强学生的体验感和参与感。例如：开展文言文朗读比赛，让学生在朗读中感受文言文的韵律美和语言魅力；组织文言文情景剧表演，让学生通过表演来理解文言文的情节和人物形象；举办文言文知识竞赛，激发学生的学习热情和竞争意识。通过这些活动，学生能够在轻松愉快的氛围中学习文言文，提高学习效果。

总之，注重学生体验感悟是深度学习理论下文言文教学的重要理念。教师要转变教学观念，创新教学方法，充分调动学生的主观能动性，使学生在文言文课堂中能够积极参与、主动体验，从而更好地理解和掌握文言文的知识，感受中国古代传统文化的魅力，提高学习兴趣和教学效果。

三、培养学生高阶思维

在深度学习中，学生是学习的主体，这一理念强调学生主动调动已有知识参与学习过程。通过建立知识间的联系、进行批判性反思、实现知识的迁移运用等精加工的过程，学生能够建构起新的知识体系。在主动地建构知识的过程中，学生的思辨性思维得到培养，解决问题的能力也得到显著提升。布鲁姆在教学目标分类中将记忆、理解划分为低阶思维的范畴，而将应用、分析、评价和创造划分为高阶思维的范畴。深度学习这一学习过程之中涉及较高水平的思维活动，即高阶思维。思维品质的提升对一个人未来的发展有着深刻的影响，高阶思维的培养对语文学习具有十分重要的意义。

教育培养的人才不应是成绩优异的书呆子，而应该是具备思辨性思维的高素质人才。思辨性思维是指个体在面对问题和信息时，能够进行独立思考、批判性分析和创造性解决问题的能力。这种思维能力有助于学生在学术上取得优异成绩，更能在未来的生活和工作中发挥重要作用。例如：在面对复杂的社会问题时，具备思辨性思维的人能够从多角度进行分析，提出切实可行的解决方案；在职场竞争中，能够创新思维，提出新颖的想法和策略，从而获得竞争优势。

传统的文言文教学并不强调思维的培养和提升，往往因文而学文，仅仅停留在文的层面。学生在学习过程中，主要是通过记忆和理解文言文的字词、句式等基础知识，而缺乏对文言文深层次的思考和理解。与作者之间的情感没有互通，学生无法真正领会文言文中的情感内涵和思想价值。然而，文言文学习不应仅仅停留在学习文言知识的层面，我们编入课本的文言文篇目凝结着先贤哲人们的智慧，是我国古代优秀传统文化的精髓。其中浓厚的情感和深刻的哲理值得学生学习和领悟。例如,《岳阳楼记》中范仲淹“先天下之忧而忧，后天下之乐而乐”的高尚情怀，不仅体现了作者的道德情操，还蕴含着深刻的人生哲理，值得学生深入思考和感悟。

文言文的学习不应该是被动地接受知识的灌入，而需要学生进行知识的连接加工和情感意义的生成。在学习过程中,学生应该将文言文与自己的生活经验、已有知识等进行联系，通过比较、分析、综合等思维活动，对文言文的内容进行深层次的理解和思考。例如，在学习《桃花源记》时，学生可以将桃花源中的理想生活与现实社会进行对比，思考作者所描绘的理想世界与现实之间的差距，以及如何在现实生活中追求理想。同时，学生还需要在学习过程中生成情感意义，体会文言文中的情感内涵，与作者产生情感共鸣。又如，在学习《陈情表》时，学生可以体会李密对祖母的深厚感情和对孝道的坚守，从而加深对孝道这一传统美德的理解和感悟。

深度学习理论下的文言文教学要时刻注意提升学生的思维品质，不仅仅是体现在教学目标上，还要使培养学生高阶思维在文言文课堂中真实发生。教师在教学过程中，应该采取多种策略来培养学生的高阶思维。首先，教师可以设计开放性的问题和任务，引导学生进行深入思考和探究。例如，在教授《出师表》时，教师可以提出“诸葛亮的忠诚精神在当今社会是否仍然具有价值？”这样的问题，让学生从不同角度进行分析和讨论,培养学生的批判性思维和创造性思维。其次，教师可以引导学生进行合作学习，通过小组讨论、合作探究等方式，促进学生之间的思维碰撞和交流，提高学生的思维能力和合作能力。例如，在教授《论语》时，教师可以组织学生分组讨论孔子的教育思想，并结合自己的学习经验进行分享和交流，从而加深对孔子思想的理解和感悟。

此外，教师还可以利用信息技术手段来辅助教学，为学生提供更加丰富的学习资源和更加多元的学习方式，促进学生高阶思维的发展。例如：教师可以利用网络资源，为学生提供与文言文相关的背景资料、文化知识、名家解读等，拓宽学生的学习视野；还可以利用多媒体技术，将文言文中的情节、人物形象等进行生动形象的展示，增强学生的学习体验和感悟。通过这些策略的实施，学生的高阶思维能力将得到有效的培养和提升，从而更好地适应未来社会的发展需求。

总之，培养学生高阶思维是深度学习理论下的文言文教学的重要目标。教师要转变教学观念，创新教学方法，注重学生思维品质的提升，使学生在文言文学习过程中能够主动地进行知识的建构和思维的加工，从而更好地理解和掌握文言文的知识，提高自身的综合素质和能力，为未来的发展奠定坚实的基础。

四、关注迁移运用能力

在深度学习理论下，文言文教学的目标不再局限于应试，而是更加注重学生的实际应用能力。文言文教学最终的目的是让学生学会将建构好的文言文知识网迁移到真实的语境当中，适时地表达自己的想法和情感，实现学以致用。这种迁移运用能力的培养，不仅能够提高学生的语文素养，还能使他们在生活和学习中更加灵活地运用所学知识，解决实际问题。

文言字词是迁移运用最为频繁的部分。学生在学习过程中，可以将一个字词从一篇文言文中迁移到另一篇中，在新的学习中加以运用。例如，在学习《桃花源记》时，学生了解到“豁然开朗”这个成语，就可以将其运用到其他文言文或现代文中，描述某种突然明白或心情舒畅的情境。这种字词的迁移运用，不仅能够加深学生对字词的理解和记忆，还能提高他们的语言表达能力。教师在教学过程中，可以引导学生对文言字词进行分类整理，建立字词库，鼓励学生在写作和口语表达中积极运用这些字词，从而提高他们的语言运用能力。

对于文言文学习中遇到的名句，学生也可以迁移运用到自己的写作当中，使文章更加出彩。许多文言文中的名句，如“学而时习之，不亦说乎？”“先天下之忧而忧，后天下之乐而乐”等，不仅语言优美，而且蕴含着深刻的思想和哲理。学生在写作时，可以巧妙地引用这些名句，增强文章的说服力和感染力。例如，在写一篇关于学习态度的议论文时，学生可以引用“学而时习之，不亦说乎？”来表达对学习的热爱和坚持。教师可以鼓励学生在写作中多积累和运用这些名句，提高他们的写作水平和文化素养。

论说类文言文在文言文篇目中占有重要地位，学生学习文言文，除了要学习字词、名句外，文章的谋篇布局也是学习的重要内容。以论说类文言文为例，在理清文章脉络的过程中，学生不仅要学习了解古文的篇章布局和结构逻辑，还要学会将这些迁移运用到自己的写作当中。例如，在学习《出师表》时，学生可以学习诸葛亮的论证方法和结构安排，如先提出出师的理由，再论述出师的必要性和紧迫性，最后表达自己的决心和信心。学生在写作议论文时，可以借鉴这种结构安排，使自己的文章条理清晰、逻辑严密。教师可以引导学生分析论说类文言文的写作特点和逻辑结构，鼓励他们在写作中尝试运用，提高自己的写作能力。

至于文言文中的引用修辞，学生不仅要可以在日常生活口语中运用，还要将这些迁移运用到写作当中。文言文中常常运用引用修辞，如引用典故、名言警句等，来增强文章的说服力和文化内涵。学生在日常生活中，可以灵活运用这些引用修辞，使自己的语言更加生动有趣。例如，在与他人交流时，可以引用“三人行，必有我师焉”来表达对他人学习的态度。在写作中，学生也可以运用引用修辞的技巧,使文章更加丰富和有深度。教师可以指导学生如何正确运用引用修辞，避免生搬硬套，使学生的语言表达更加得体和恰当。

文言文的文化内涵厚重，作者所要表达的思想深刻。如果学生可以深入理解文言文主旨，并将学到的精神在现实生活中激励自己，学习古代优秀传统文化的内核帮助解决现实当中遇到的困难，不失为迁移运用的一个良策。例如，在学习《岳阳楼记》时，学生可以理解范仲淹“先天下之忧而忧，后天下之乐而乐”的高尚情怀，并将这种情怀运用到自己的学习和生活中，树立正确的价值观和人生观，努力为社会作出贡献。教师可以引导学生思考文言文中的思想和精神在现实生活中的应用，鼓励他们在面对困难和挑战时，能够借鉴古代优秀传统文化的智慧，增强自己的信心和勇气。

培养学生的迁移运用能力，是深度学习理论下文言文教学的要求。教师要注重学生知识的整合和应用，鼓励学生在不同的情境中灵活运用所学知识。例如，可以组织学生开展文言文知识的应用实践活动，如文言文演讲比赛、文言文情景剧表演等，让学生在实践中运用所学知识，提高他们的迁移运用能力。同时，教师还可以引导学生将文言文知识与其他学科知识进行整合，如将文言文中的历史知识与历史学科相结合，将文言文中的哲学思想与哲学学科相结合等，使学生能够从多角度理解和运用文言文知识，提高他们的综合素质和能力。

总之，关注学生的迁移运用能力是深度学习理论下文言文教学的重要目标。教师要转变教学观念，创新教学方法，注重学生知识的实际应用，使学生能够将所学知识运用自如，举一反三，灵活解决遇到的各种问题。这也是语文教育一直追寻的结果，即培养学生的语文素养和综合能力，使他们能够更好地适应未来社会的发展需求。

第二节　深度学习理论下文言文教学存在的问题

一、教学内容重文本翻译、轻思辨理解

在当前的文言文教学中，教师往往过于注重对文本的逐字逐句翻译，而忽视了对文本深层次的理解和思辨。这种教学方式使得学生对文言文的理解停留在表面，无法深入体会文本背后的文化意蕴和思想内涵。例如，在教授《出师表》时，教师可能会花费大量时间讲解每个字词的意思，详细解释“先帝创业未半而中道崩殂”等句子的字面意思，而忽略了引导学生理解诸葛亮的忠诚精神及其在历史上的意义。这导致学生可能知道“忠”字的意思，却无法理解诸葛亮“鞠躬尽瘁，死而后已”的精神内涵，以及这种精神对后世的深远影响。这种以翻译为主的教学模式，不仅使课堂内容显得枯燥单调，缺乏生动性和趣味性，还限制了学生思维能力的发展，使学生难以形成对文言文的深刻理解和独到见解。[①]

在传统教学中，教师往往采用“填鸭式”的教学方法，学生被动地接受知识，缺乏主动思考和质疑的机会。课堂上，教师主导着整个教学过程，学生只是机械地记录笔记、背诵翻译，而没有机会提出自己的疑问和见解。这导致学生在学习文言文时，更多地依赖记忆和背诵，而不是通过批判性思维去理解和分析文本。例如，在教授《桃花源记》时，教师的“填鸭式”教学可能让学生只是机械地记住文章的字面意思，知道渔人误入桃花源、与村民交流、离开后无法再找到桃花源等情节，却无法深入思考作者陶渊明对理想社会的向往及其现实意义。学生没有机会去探讨桃花源所代表的理想与现实之间的矛盾，以及这种理想在当今社会的价值和意义，从而无法真正领会文言文的思想内涵和文化价值。这种教学方式不仅不利于学生思维能力的培养，还使得文言文学习变得机械和枯燥，难以激发学生的学习兴趣和积极性。

① 季江勇 . 新课程背景下的文言文教学摭谈 [J]. 中学语文，2023（10）：28–29.

二、文言文课堂教学模式陈旧固化

传统的文言文课堂教学模式较为陈旧固化，缺乏创新和灵活性，这在很大程度上制约了文言文教学的发展。许多教师在教学过程中仍然沿用“讲授＋背诵”的模式，这种模式虽然能够在一定程度上帮助学生掌握文言文的基础知识，但却忽视了学生学习的主动性和创造性。课堂上，教师往往是唯一的发言者，他们站在讲台上，逐字逐句地讲解文言文的内容，从解释字词到翻译句子，再到阐述文章主旨，整个过程都是教师在主导，学生只是被动地听讲和记录。例如，在讲解《岳阳楼记》时，教师可能会先逐字逐句地翻译，然后简单地讲解文章的主旨是范仲淹的“先天下之忧而忧，后天下之乐而乐”的思想，以及作者对岳阳楼的描写和对自然景观的赞美，而没有设计多样化的教学活动来激发学生的学习兴趣。学生在整个学习过程中，只是机械地记忆和背诵，缺乏对文言文深层次的理解和思考，无法真正体会到文言文的魅力和价值。

教学方法单一也是文言文课堂教学模式陈旧固化的重要表现之一。在传统教学过程中，教师往往只采用讲授法，而很少运用其他教学方法，如讨论法、合作学习法、探究学习法等。这些方法能够在一定程度上促进学生的思维发展和能力提升。在文言文教学中，教师应尝试采用这些方法来组织教学活动。例如，在教授《桃花源记》时，教师可以组织学生进行小组讨论，探讨桃花源所代表的理想社会与现实社会的差异，以及这种理想社会在当今社会的意义和价值。通过小组讨论，学生可以相互交流自己的想法和见解，碰撞出思维的火花，从而更深入地理解文言文的内容和内涵。

同时，传统的文言文课堂教学模式还缺乏与现代科技手段的结合。随着信息技术的飞速发展，多媒体技术、网络资源等现代科技手段为教育教学提供了丰富的资源和便利的条件。在文言文教学中，教师应该利用这些现代科技手段来辅助教学。例如，教师可以利用多媒体技术制作精美的课件，展示文言文中的历史背景、文化知识、作者生平等信息，使学生能够直观地了解文言文的背景和情境，提升学习的趣味性和实效性。还可以利用网络资源，为学生提供丰富的学习资料和拓展阅读材料，拓宽学生的学习视野，提高学生的学习兴趣和自主学习能力。但目前，这些现代科技手段在文言文教学中的应用还相对较少，无法满足学生多样化学习需求。

陈旧的教学模式不仅无法激发学生的学习积极性，还可能导致学生对文言文产生抵触情绪。由于课堂氛围沉闷，教学内容枯燥，学生在学习文言文时常常感到乏味和疲惫，缺乏学习的动力和兴趣。长此以往，学生可能会对文言文产生厌烦和抵触情绪，认为文言文难懂、无趣，甚至认为学习文言文没有实际意义和价值。这不仅影响了文言文教学的效果，而且阻碍了传承和发扬中华优秀传统文化的进程。因此，要改变文言文课堂教学模式陈旧固化的问题，教师需要转变教学观念，创新教学方法，积极引入现代科技手段，营造生动活泼的课堂氛围，激发学生的学习兴趣和积极性，使文言文教学更加富有生机和活力。

三、学生文言文思辨意识培养不足

在文言文教学中，学生思辨意识的培养常常被忽视，这在很大程度上影响了学生深层次理解文言文和发展批判性思维的能力。教师在教学过程中往往过于关注知识的传授和记忆，将重点放在字词的解释、句式的翻译和文章大意的讲解上，而很少引导学生进行批判性思考和个性化解读。例如，在教授《论语》时，教师可能会逐句逐字地讲解孔子的思想观点，如“学而时习之，不亦说乎？”“己所不欲，勿施于人”等，对这些思想进行简单解释和阐述，而没有鼓励学生结合自己的生活经验和社会现象，对孔子的思想进行深入的思考和评价。学生可能只是机械地记住这些思想观点，却无法真正理解其内涵和价值，更无法将其与现实生活中的问题和现象相联系，进行批判性的思考和分析。

此外，学生在学习过程中缺乏主动质疑和探究的机会，导致他们的思辨能力得不到有效提升。在传统的文言文课堂上，教师通常是权威的象征，学生很少有机会对教师的讲解提出疑问和挑战。例如，在教授《陈情表》时，教师可能会对文章中李密所表达的孝道观念进行解读，强调其在古代社会中的重要性和价值。然而，学生可能只是被动地接受教师的解读，而没有主动去思考这种孝道观念与现代社会的价值观念之间的关系。他们没有机会去质疑和探究这种观念在现代社会中的适用性和局限性，无法形成自己独立的见解和理解。

这种缺乏思辨意识的教学方式，使得学生难以形成独立思考的习惯和能力。学生在学习文言文时，往往只是被动地接受知识，而不是主动地去探索和思考。他们习惯于按照教师的思路和方法去学习，缺乏自主性和创造性。例如，在学习《出师表》时，学生可能只是按照教师的要求去背诵和理解诸葛亮的忠诚精神，而没有主动去思考这种精神在当今社会中的意义和价值。他们没有机会去质疑和探究这种精神在现代社会中的适用性和局限性，无法形成自己独立的见解和理解。

长此以往，学生可能会逐渐失去对文言文学习的兴趣和动力，认为文言文学习枯燥乏味，只是记忆和重复知识，而无法体会到文言文的魅力和价值。他们可能无法真正理解和掌握文言文的精髓，也无法将所学知识应用到实际生活中去解决问题。这不仅影响了学生对文言文的学习效果，还限制了他们思维能力的发展和综合素质的提高。

因此，要解决学生文言文思辨意识培养不足的问题，就需要教师转变教学观念，创新教学方法，注重培养学生的批判性思维和个性化解读能力。教师可以设计开放性的问题和任务，引导学生进行深入思考和探究。例如，在教授《论语》时，教师可以提出一些具有挑战性的问题，如“孔子的仁爱思想在现代社会中是否仍然具有价值？”“孔子的教育思想对现代教育有哪些启示？”等，鼓励学生结合自己的生活经验和对社会现象的观察，对孔子的思想进行批判性的思考和评价。同时，教师还可以引导学生进行小组讨论和合作探究，让学生在交流和合作中碰撞出思维的火花，形成自己独立的见解和理解。

总之，培养学生的文言文思辨意识是文言文教学的重要目标之一。教师要注重引导学生进行批判性思考和个性化解读，为他们提供主动质疑和探究的机会，使他们能够形成独立思考的习惯和能力，真正理解和掌握文言文的精髓，提高自己的思维能力和综合素质。

四、文言文教学评价形式相对单一

当前的文言文教学评价形式较为单一，以考试成绩和作业完成情况为主要依据。这种评价方式过于注重学生的记忆能力和知识掌握程度，而忽视了对学生理解能力和应用能力的考察。在文言文教学中，考试往往是评价学生学习效果的主要手段，而考试内容多以选择题、填空题等形式出现。例如，在文言文考试中，题目可能会要求学生翻译某个句子或解释某个字词的意思，如“先帝创业未半而中道崩殂”中的“崩殂”是什么意思，或者“不以物喜，不以己悲”中的“以”字如何解释等。这些题目主要考查学生对字词句的翻译和记忆，而很少涉及对文本深层次理解和思辨能力的考查。学生也许能够准确地翻译出句子或解释出字词的意思，却无法深入理解文章的情感内涵和思想价值，更无法将所学知识应用到实际情境中去解决问题。

此外，文言文教学的评价内容和方式不够多元化和个性化。教师在评价学生的学习时，往往只关注学生的考试成绩和作业完成情况，而很少从学生的阅读能力、态度、创新思维等方面进行全面评价。例如，在评价《岳阳楼记》的学习情况时，教师可能只关注学生对文章字词句的翻译是否准确，而没有评价学生对文章情感和思想的理解是否深刻，是否能够结合自己的生活经验和对社会现象的观察，对范仲淹“先天下之忧而忧，后天下之乐而乐”的思想进行批判性的思考和评价。这种单一的评价形式不仅无法真实反映学生的学习水平，还可能导致学生对文言文学习产生片面的认识，认为只要记住字词句的翻译和文章的大意，就能够学好文言文，而忽视了对文言文深层次理解和应用能力的培养。

这种单一的评价形式还可能误导教师的教学方向。由于评价标准主要以考试成绩和作业完成情况为依据，教师在教学过程中可能会过分强调知识的传授和记忆，而忽视培养学生的理解能力和应用能力。例如，在讲解《桃花源记》时，教师可能会花费大量时间讲解每个字词的意思和句子的翻译，而没有设计多样化的教学活动来引导学生深入理解文章的情感内涵和思想价值，以及如何将所学知识应用到实际情境中去解决问题。这不仅限制了学生思维能力的发展，还使得文言文教学的目标偏离了培养学生综合素养和应用能力的方向。

为了改变这种单一的评价形式，教师需要转变评价观念，创新评价方法，注重对学生理解能力和应用能力的考察。评价内容应更加多元化，不仅要关注学生的知识掌握程度，还要关注学生的阅读能力、态度、创新思维等方面。例如，在评价学生对《出师表》的学习时，教师可以设计一些开放性的问题，如“诸葛亮的忠诚精神在当今社会中是否仍然具有价值？”“诸葛亮的出师北伐对后世有哪些启示？”等，引导学生进行深入思考和探究，并从学生的回答中评价他们对文章情感和思想的理解是否深刻，是否能够将所学知识应用到实际情境中去解决问题。同时，教师还可以采用多种评价方式，如课堂观察、小组讨论、学习反思、项目学习等，全面了解学生的学习过程和学习效果，帮助学生更好地认识自己的优势和不足，促进学生的全面发展。

总之，改变当前文言文教学评价形式的单一性，注重对学生理解能力和应用能力的考察，是提高文言文教学质量的重要途径。教师要树立多元化的评价观念，创新评价方法，全面评价学生的学习，使文言文教学更加符合培养学生综合素养和应用能力的目标。

第三节　深度学习理论下文言文教学实施策略

一、利用诵读和对比同类文，促进文言文知识建构

（一）诵读的重要性

诵读是文言文教学的基础，它不仅是学习文言文的重要手段，而且是培养学生语感和理解能力的关键环节。通过反复诵读，学生可以更好地感知文言文的音律美和语言结构，从而加深对文本的理解。文言文的语言与现代汉语有很大的不同，其独特的句式和用词往往让学生在初读时感到陌生和难以理解。而诵读的过程，可以让学生逐渐熟悉这些句式和词汇，从而更好地把握文章的节奏和韵律，理解作者的意图和情感。①

例如，在教授苏轼的《赤壁赋》时，教师可以引导学生通过分组诵读接力的方式来进行学习。每个小组负责诵读文章的一部分，并在小组内进行讨论和交流，以确保每个成员都能准确地把握自己所读部分的内容和情感。在小组诵读的过程中，学生不仅能够锻炼自己的朗读技巧，还能在合作中相互学习，提高整体的诵读水平。通过这种方式，学生可以在反复诵读中逐渐感受到《赤壁赋》中所蕴含的豪迈与悲壮，理解苏轼在面对人生挫折时的豁达与超然。

诵读还可以帮助学生更好地记忆文言文中的重点词汇和句式。在诵读的过程中，学生会不断地重复和强化对这些内容的记忆，从而在脑海中形成更为深刻的印象。这对于学生在考试中准确运用文言文知识具有重要意义。同时，诵读还可以培养学生的语感，使他们在学习其他文言文时能够更快地进入状态，提高学习效率。

（二）对比同类文的作用

通过对比阅读，学生可以发现不同文言文作品之间的异同，从而促进知识的系统化和结构化。学习文言文不仅要理解和掌握单篇文章的内容与内涵，而且要建立起一个完整的知识体系，使学生能够在学习过程中不断积累和整合知识。而

① 蒋聪慧．浅谈文言文教学的有效策略 [J]. 语文世界（小学生之窗），2022（8）：40–41.

对比阅读正是实现这一目标的有效途径。

例如，在教授范仲淹的《岳阳楼记》和欧阳修的《醉翁亭记》时，教师可以引导学生从多个角度进行对比分析。首先，从写作风格上看,《岳阳楼记》以议论为主，语言凝练而富有哲理，而《醉翁亭记》则以描写为主，语言生动而富有情趣。通过对比两篇文章的写作风格，学生可以更好地理解不同作者的创作特点和写作技巧，从而在今后的学习中能够更好地鉴赏和分析其他文言文作品。其次，从思想情感上看,《岳阳楼记》主要表达了作者对国家和人民的忧虑与责任感，而《醉翁亭记》则主要表达了作者对自然美景的热爱和对生活的豁达态度。通过对比两篇文章的思想情感，学生可以更深入地理解作者的思想内涵和人生观，从而在学习过程中更好地领会文言文的精髓和价值。

对比阅读还可以帮助学生发现不同文言文之间的内在联系和规律。例如，在学习《岳阳楼记》和《醉翁亭记》时，学生可以发现两篇文章都运用了寓情于景的手法，通过对自然景物的描写来表达作者的情感和思想。通过对比分析这种写作手法的运用，学生可以更好地理解文言文的表达技巧，从而在今后的学习中更好地运用这些技巧来分析和鉴赏其他文言文作品。

总之，诵读和对比同类文是文言文教学中两个重要的策略。通过诵读，学生可以更好地感知文言文的音律美和语言结构，加深对文本的理解；通过对比同类文，学生可以发现不同文言文作品之间的异同，促进知识的系统化和结构化。这两个策略的结合运用，能够有效地提高学生的文言文学习效果，帮助他们在学习过程中不断积累和整合知识，建立起一个完整的文言文知识体系。

二、利用提问和反思，提升文言文批判性理解能力

（一）提问的引导作用

在文言文教学中，提问是激发学生思考和批判性分析的重要手段。教师通过设置具有挑战性的问题，可以引导学生深入探究文本的内涵，培养他们的批判性思维能力。提问不仅可以帮助学生更好地理解文言文的内容，还能促使他们从不同的角度进行思考，拓展思维的广度和深度。

例如，在讲解《论语》时，教师可以提出一些具有开放性的问题，如“孔子的思想在现代社会中有哪些适用之处？”这样的问题不仅要求学生对《论语》的内容有深入的理解，还要求他们能够将古代的思想与现代社会的实际相结合，进

行跨时代的思考。学生在回答这个问题的过程中，需要对孔子的思想进行深入的分析和总结，同时还要考虑现代社会的实际情况，从而能够更好地理解孔子思想的价值和意义。

通过这样的提问，学生可以更加主动地参与学习过程，积极地思考和探索，而不是被动地接受知识。这不仅能够提高学生的学习兴趣和积极性，还能够培养他们的批判性思维能力，使他们能够更加全面和深入地理解文言文的内涵。

提问还可以帮助学生发现文言文中的问题和矛盾，促使他们进行批判性的思考和分析。例如，在讲解《出师表》时，教师可以提出“诸葛亮在出师前的准备是否充分？”等问题，引导学生对诸葛亮的决策进行批判性的分析和评价。学生在回答这个问题的过程中，需要对《出师表》的内容进行深入的思考和分析，同时还要结合历史背景和实际情况，从而更好地理解诸葛亮的决策过程和思想内涵。

（二）反思的促进作用

反思是提升学生批判性理解能力的重要途径。在文言文教学过程中，教师应鼓励学生进行反思，帮助他们总结学习经验，发现问题和不足，从而不断提高自己的理解能力和思维水平。例如，在完成一篇文言文的学习后，教师可以让学生反思自己在理解文言文时遇到的困难和解决方法。学生可以思考自己在学习过程中是否遇到了难以理解的词汇或句式，是否能够准确地把握文章的主旨和情感，以及是否能够运用所学的知识和方法来解决这些问题。通过这样的反思，学生可以更好地了解自己的学习情况和不足之处，从而有针对性地改进和提高。

反思还可以帮助学生总结学习方法和经验，形成更为有效的学习策略。例如，学生在学习《桃花源记》时，可以反思自己在理解文章内容和结构时所采用的方法，如是否通过上下文来推测词义，是否能够根据文章的线索来梳理文章的结构等。通过总结这些学习方法和经验，学生可以更好地掌握文言文的学习技巧，提高自己的学习效率和理解能力。

此外，反思还可以促使学生反思和调整自己的学习态度和习惯。例如，学生可以反思自己在学习文言文时是否保持了专注和耐心，是否主动地进行了思考和探究，以及是否及时地复习和巩固了所学的知识等。通过这样的反思，学生可以更好地调整自己的学习态度和习惯，培养良好的学习品质，从而在学习过程中取得进步。

总之,提问和反思是提升文言文批判性理解能力的重要策略。通过提问,教师可以引导学生进行深入的思考和批判性分析，激发他们的学习兴趣和积极性；通过反思，学生可以总结学习经验，发现问题和不足，不断提高自己的理解能力和思维水平。结合运用这两个策略，能够有效地提高学生的文言文学习效果，帮助他们在学习过程中不断提高自己的批判性思维能力，更好地理解和掌握文言文的内涵和价值。

三、优化文言文作业，提升文言文迁移运用水平

在文言文教学中，优化作业设计是提升学生迁移运用能力的重要手段。通过多样化的作业形式和实践性的作业内容，学生可以更好地将所学知识运用到实际情境中，从而加深对文言文的理解和掌握。

（一）作业设计的多样性

多样化的作业形式能够激发学生的学习兴趣，提高他们的迁移运用能力。例如，教师可以布置文言文翻译作业，让学生将文言文中的经典篇章翻译成现代汉语。这样的作业不仅能够帮助学生更好地理解文言文的内容和结构，还能够锻炼他们的语言表达能力和思维转换能力。同时，教师还可以鼓励学生进行文言文创作，如创作一篇现代文，在其中运用文言文中的表达技巧和修辞手法。这样的作业能够让学生在实践中深入体会文言文的魅力，提高他们的语言运用能力和创造性思维能力。

教师还可以设计一些跨学科的作业形式，结合历史、哲学、艺术等学科的内容，让学生进行综合性的学习和探究。例如，教师可以让学生结合历史背景，分析文言文中所反映的社会现象和文化特征，或者结合哲学思想，探讨文言文中的道德观念和人生哲理。这样的作业能够帮助学生建立起全面和系统的知识结构，提高他们的综合素养和迁移运用能力。

（二）作业的实践性

注重作业的实践性是提高学生实际应用能力的重要途径。教师可以将文言文学习与实际生活相结合，设计一些具有实践性的作业内容。例如，教师可以布置学生在日常生活中寻找与文言文相关的文化现象，并进行分析和总结。这样的作业能够让学生在实际生活中发现文言文的价值和意义，提高他们的文化素养和实

际应用能力。

教师还可以组织一些实践活动，如参观博物馆、文化遗址等，让学生在实地考察中感受文言文中的历史和文化背景。例如，在教授《岳阳楼记》时，教师可以组织学生参观岳阳楼，让他们在实地考察中感受范仲淹描绘的壮丽景色，表达的深沉情感，从而更好地理解文言文的内涵和价值。通过这样的实践活动，学生不仅能够加深对文言文的理解和记忆，还能够提高自身的实际应用能力和综合素质。

总之，优化文言文作业设计是提升学生迁移运用能力的重要策略。通过多样化的作业形式和实践性的作业内容，学生可以更好地将所学知识运用到实际情境中，从而加深对文言文的理解和掌握，提高他们的语言运用能力和综合素质。教师应注重作业设计的创新性和实用性，帮助学生在学习过程中不断提高自己的迁移运用能力，从而更好地理解和运用文言文。

第八章　深度学习理论下语文写作教学研究

第一节　深度学习理论下语文写作素养及其发展价值

作为人类表达情感、凝聚思想、传递信息的基本手段，写作既是人们精神生活和实践活动的重要组成部分，也是文学作品创作的主要途径。人不是天生就会写作，一个人的写作素养需要经历不断培养和提高的过程。①

一、何为写作素养

探讨写作素养，首先需要分析和探讨写作的内涵与本质。“写作”由“写”和“作”两个字组成。从词源学上考察，“写”的本字是“泻”，含有“输泻、倾吐”之义。《周礼·稻人》中“以绘写水”的“写”即指水的倾泻。《说文解字》曰：“写，置物也。”段玉裁注：“写，凡倾吐日写。”后人又将“置物、写水”转引为“倾吐、抒发”之义，意为倾吐心声、抒发胸怀、发泄情感等。“写”还有抄录、眷写、描摹之意，即用笔书写、记写和描画。关于“作”字，《说文解字》的解释是：“作，起也。从人，从乍。”其实，甲骨文中的“作”本为“乍”，其形如衣领，表示缝衣初作领口。《广雅·释诂》云：“作，始也。”事物的初始兴起，正是“作”的本义，加上“人”字旁，则强化了人的创作意识。由此看来，写作是作为主体的人思想情感、精神人格的表现，是作者真情实感的抒发、内心世界的写照和精神活动的创造。它是现代社会不可缺少的一项实践活动，是人们在生活和工作中进行表达和交流的重要手段，也是现代社会不可或缺的信息记录与传播方式。

对于一个人来说，有效进行写作活动需要具备良好的素质与修养。写作素养是作者在写作时表现出来的素质与修养，是智能因素（智力、能力、学力、阅历等）和非智能因素（个性、气质、情感、意志、兴趣等）的综合。进入21世纪，写作者想要写出优秀的文章，就应重视培养自身写作素养。关于写作素养的构成

① 龙静萱．从阅读和写作入手提升语文素养[J]．高中生，2024（22）：58-59.

要素，不同的学者有不同的看法。有人认为，写作素养包括生活实践素养、思想理论素养、文化知识素养、情感意志素养、语言逻辑素养和写作习惯素养。也有人认为，写作素养基本构成包括品德素养、认识水平、思维品质、知识储备、情感积蓄和语言能力。还有学者认为，写作者作为写作主体，其基本素养主要包括人格修养、生活修养、学识修养和语言修养等，其中人格修养又包含思想素质、道德素质、思维素质、情感素质、意志素养五个方面。

写作是个人情感活动的一种表达方式，最能体现一个人的精神、思想和个性。通过写作，人们借助文字符号表达心中的喜怒哀乐，传达对他人、事件、社会的看法。写作也是一个复杂的心智过程，从审题、立意，到构思、选材，再到文字的组织与表达，最后成文，需要写作者运用观察、感知、体悟、分析、综合、抽象、概括等一系列智力活动。写作素养并非生来就有，是个体在后天的实践和追求中得以提高的。教育是个体写作素养形成的重要途径。在学校教育中，写作素养的培养是中小学语文教育的重要目标。

二、写作素养的发展价值

作为一种情感表达活动，写作可以丰富和发展一个人的精神生活，帮助其建构强大的精神世界。人正是基于文字的写作将自己相对模糊的认识、思想、情感和心理感受明晰化、完整化和逻辑化，使相对粗糙、浅层的感受、体验化为相对精致的语言。此外，当内心有烦恼无人倾诉或不方便倾诉时，当心中有看法或观点需要倾吐却找不到对象时，就可以将它们付诸文字。在很多作家看来，写作是一种“高贵的精神事务”，是“个人的一种精神生活方式”。“我清楚自己擅长驾驭语言，有能力应对不愉快的事情，我感到这将创造一个私人世界，在那里，我能走出日常生活的失败。”写作不仅可以给人以精神的慰藉，还可以提升一个人的精神境界。一个生性孤僻的人，可以在创作中不再孤单；一个物资匮乏的人，可以在创作中享受精神上的愉悦。人们通过写作审视自己、察看社会，实现与自我的对话，与他人进行情感沟通、思想交流、观点的碰撞。因此，从某种意义上说，基础教育阶段的写作教学是在为学生打下“精神的底子”。

当然，写作具有精神陶冶的作用，除此之外，在人们的现代生活和工作中，它还具有重要的实用价值。美国未来学家约翰·奈斯比特在其著作《大趋势》中曾断言:“在这个文字愈来愈密集（Literacy Intensive）的社会，我们比以往任何时候都更需要读写技巧。”事实上，奈斯比特所强调的写的技巧，指的就是应用文的写作技巧。写作不仅是文学创作，还包括撰写应用文。在现代社会，撰写应用文是人们生活和工作的重要内容。生病请假，要写假条；求职找工作，要写个人简历；召开会议，要写会议通知和会议纪要；组织活动，要写策划方案和总结报告；开展课题研究，要写研究方案和研究报告。一个不会写应用文的人，很难在现代社会立足与发展。虽然早在20世纪初，刘半农先生就针对语文教学脱离实际、学用相违的现象提出了批评：“只求在短时期内使学生人人能看通人应看之书，及其职业上所必看之书；人人能作通人应作之文，及职业上所比作之文。”但到目前为止，我国中小学作文教学依然没有对应用文的写作给予重视。

鉴于写作素养的重要意义，21世纪以来，许多国家都在语文课程改革及教育评价项目中予以作文教学高度重视。日本等国在深入研究和全面反思的基础上提出了一些新的写作观念，制定了适应时代发展挑战的语文课程标准，并开展了一系列富有成效的作文教学改革实验。另外，美国的国家教育进展评估、英国的标准成绩考试评价项目、澳大利亚的国家教育进展评估，也都将中小学生的写作素养作为本国教育评估的重要内容。

第二节　深度学习理论下语文写作及其教学意义

深度写作不是一种具体的写作策略、写作方法或写作手段，而是一种写作理念。深度写作理念强调超越浅层化、表层化、表面化写作，凸显了对写作活动理想状态的一种追求，是对学校写作教学改革方向的一种思考与探索。[①]

一、深度写作及其标准

深度写作是指在写作中摆脱粗浅、超越平庸，创作出有思想、有个性、有新意的作品。深度写作并不追求写作内容的深度与难度，也不是无限增加写作的难度与高度，而是针对写作过程中思想贫乏、内容空洞、观点肤浅、感情矫揉造作，空话、套话、假话连篇的现象而提出来的一种写作理念。写作应是作者内在思想、情感、思维活动的表达。如何由表象走向本质，如何由单纯技巧的操练走向人性

① 赵桂梅．深度学习视域下的写作教学 [J]. 好作文，2024（8）：50-51.

化的深度写作，如何唤醒写作者内在生命知觉和自觉，让写作不仅是一种“文字的存在”，而且是生命和思想的具象化、情感和思维的承载物，这是值得探讨的话题。

那么，深度写作之深，到底深在何处？评量作文之深浅的标准是什么？评量作文之深浅，不在“句调高古，词华典脂”，也不在“典雅语句，奇拗笔法”，更不在篇幅长短，而在思想、情感、思维等层面的深度和深刻上。具体而言，我们可以从以下三个方面进行判断。

第一，思想的深度。马克思指出：“语言是思想的直接现实。”写作就是以语言文字为媒介传递写作者思想的智力活动。思想是文章的灵魂。文章如没有明晰的思想见解，即使语言还可以，也是站立不起来的。好文章一般思想深刻、富有内涵，能揭示事件或问题的本质，引人深思。一粒沙里看世界。看似简单、平常、琐碎的小事件，在用心的作家笔下往往能揭示出深刻的思想。看似普通、寻常、平凡的小人物，在富有洞察力的作者笔下常常能反映出丰富的内涵。例如，父亲送儿子上火车，本是再平常不过的一件小事，但在朱自清的笔下却有极其深刻的思想寓意，即反映了一种在旧道德观念的潮水退却时，人与人之间的关系——特别是父子关系中最真诚、最动人的天伦的觉醒。又如，鲁迅文中的小人物——阿Q、祥林嫂、孔乙己等，他们弱小、普通，生活在社会底层。但在鲁迅的笔下折射出的却是国民的劣根性、社会的黑暗和人性的丑恶。深度写作往往能抓住生活中富有典型意义的事件、人物展开叙述、描写、联想和想象，将其放入悠长、广阔的历史或社会背景中，透过现象看本质，反映或揭示一定的时代精神或社会问题。袖里藏乾坤，沙中显世界。事实上，即使是天边的青青草，海边的粒粒沙，如果我们思考深刻、洞察深远，也可能写出物象之外的深刻意蕴。周敦颐看到莲花，悟出的是“出淤泥而不染”的精神风貌；茅盾看到白杨树，想到的是北方农民坚韧、质朴、勤劳的高尚品质，进而歌颂了民族解放斗争中不可缺少的朴质、坚强、力求上进的精神。他们的作品无不是广为认可的深度好文。

第二，情感的深度。一个人如果没有健康、真挚、丰富的情感，是无法写作的。鲁迅曾说：“能爱能憎才能文。”巴金在香港中文大学谈创作体会时也说：“生活靠勇气，写作靠感情。”写作，如果不是有感而发，文章就难免粗浅、平淡、苍白。反之，如果文章饱含深情，就如凡·高笔下色彩灼灼的向日葵，耀眼炫目，直击人心。真正的深度好文，不在语言的华丽、文字的优美、辞藻的堆砌，而在于是否抒真情、表真意。写作时发自肺腑、情真意切，成文后才能与读者产生共鸣，才能吸引读者，打动读者。朱自清的《背影》之所以能够成为历久传诵的散文经典，并不是凭借华赡的文字或精致的表达，而是运用古朴质实、简洁明丽的语言传达出父子之间感人至深的真情。我们日常写作，虽不敢奢望文学大家的风致，但要想写出碰触心灵的深度好文，仍然需要饱满而热烈的情感。感情真挚的好文章是有基调的，或温暖或悲情，或愤怒或欢乐……在此基调上，层层递进地酝酿情绪，到最后喷薄而出。2007 年江苏省高考作文《怀想天空》因“真实、本色、真情、纯净”而被阅卷组组长、南京师范大学何永康教授从最初的 37 分，提分至 53 分而进入优秀行列。何教授在媒体上发文，详细解释了这篇文章被判为优秀的原因：“此文很典型，不事张扬，不搞‘满天星’的铺陈铺排，不搞华彩炫目的‘集锦’，不玩深沉，只是极为朴实地记述了父亲割麦、自己割麦的情景，然而它真实、本色、真情、纯净，一板一眼地道来，汹涌的内心波涛潜伏其间。”

第三，思维的深度。写作是自我表达与沟通交往的一种方式。自我表达强调要将自我的观点、想法、体悟通过文字的方式呈现出来；沟通交往则要求呈现的文字言之有物、言之有理，符合人们的认知规律，使人读得懂、理解得了。这就要求作者对写作素材进行全面、细致和深入的分析，把内在逻辑关系理顺，然后按照一定的认知习惯、认知方式把想明白的事情、问题或道理通过文字的方式表达出来。这一过程就是思维的过程。其实，写作的过程也是思维的过程，思维贯穿于写作活动的始终。从写作角度的选择、立意的确定，到谋篇布局、材料的组织，再到造词造句，语言的提炼，思维无不参与其中。没有思维活动，就没有写作活动；没有思维的深度，就没有写作的深度。写作中的思维深度表现在两个方面：一是能够运用分析、综合、归纳、推理、判断等思维活动透过事物、事件的表面现象看到内在的本质或问题；二是对某些问题的探讨与分析能够超越平庸，有发现、有创见，展现出一定的个性特征和创新精神。近年来人们普遍关注的高分高考作文，基本上都是有个性、有创见的深度好文。考生无论是构思立意、表达看法，还是论证观点、抒发情感，都不流于非此即彼的片面、中庸，或人云亦云的浅薄、肤浅，或者是仅仅找寻一些典型事例、名言警句，而是灵活运用所学知识，综合思考各方面因素，运用求异思维、批判性思维、独创性思维等分析问题、解决问题，表达自己的感受与看法，实现了“对观点单一、论证过程格式化、思维高度同质化的‘应试议论文’的深刻超越”。

当然，从文体形式来看，不同文体的写作要求也有所不同。也就是说，不是所有的写作内容和写作文体都适合或需要进行深度写作。一般而言，深度写作适用于议论文、学术论文、报告文学、散文、小说、戏剧、新闻专访等。而会议纪要、简报、解说词、新闻通讯等，其写作目的主要是传递信息和解决实际问题，更多强调实用性、简明性和格式化的特点，因此并不需要也无必要进行深度写作。

二、深度写作的主体适切性

从广泛意义上理解，写文章即作文，包括作家的文学创作、科学家的研究论文、记者的采访报道、日常生活中的应用文写作以及学生的写作练习等。学生作文有别于作家的文学创作。作家是一种特殊的职业，作家的文学创作从素材选用、主题立意、内容构思到语言表达等都是特殊而复杂的艺术加工的过程，这一过程也是其对社会、生活、生命的深层体验和审美超越的精神生产活动。学生作文也不同于职业人群的专业写作，如新闻工作者写新闻稿、科学研究者写研究论文或研究报告。专业写作需要运用专业术语，基于专业的写作规范和程序来进行。并不是每一个人都能够成为作家，或者需要成为作家的，作文教学的目标也不是把所有的学生都培养成为作家。当然，学生也不是专业工作人员，没有经过专业训练，也没有达到专业写作的水平。对于学生作文，应有以下认识：学生写作文，就是将自己看到的、听到的、想到的内容，用语言文字具体明确、文从字顺地表达出来。

学生的写作都会经历一个从低到高逐渐发展的过程。学生不可能一开始就写出思想深刻、表达独特、独具匠心的深度好文。即使是同一文体对于不同学习阶段的学生，其写作要求也不一样。例如，关于记叙文的写作，从一开始的写得“清楚、具体”，到写得“曲折、动人”，再到写出“个性、创意”。这是一个层层递进、由浅入深的写作要求。因此，按照“何时何地何人何事”的作文框架将事件写清楚、写具体即可，如果能够写得活泼、生动就更好。进入高年级，学生写作文不仅要写得具体、生动、活泼，还要有一定的深度，能够通过某一事物或事件受到一些启示、启发，或传达一定的道理。之后，则可以通过巧设悬念、巧用误会法或抓住叙述对象心理变化特点等方法将故事写得跌宕起伏、引人入胜。然后，不仅要将事件讲清楚、讲动人，还要透过事件本身进行更理智、更深刻的思考，得出自己独到的见解。因此，教师在指导学生作文时，要按照学生的年龄特点、认知水平、生活经验，正确地把握要求，要避免用成人作品的标准要求学生的作文。

叶圣陶先生认为学生作文应“注意其意义是否精确，语句是否完整。必求合乎论理，而不贵乎虚行。篇幅短长固应随顺意义也”。“作文教授之目的在令学生能以文字直抒情感，了无隔阂；朴实说理，不生谬误。至于修辞之工，谋篇之巧，除非必要之需求。能之固佳，不能亦不为病。”于永正老师也认为，儿童的作文只有两条要求：“一是文从字顺，二是内容比较具体。不管字数多少，通顺是最要紧的。话要说清楚、说明白，该具体的要具体，否则别人就不知道你要表达什么。”他反对作文教学的“越位”，认为这是“揠苗助长，是对儿童的摧残！学生够不着的桃子，硬让学生去够，桃子没够着，倒把学生搞得筋疲力尽，失去了学习的信心和兴趣”。

为什么到了高年级以后，写作教学就要有深度写作的要求？这其实跟学生的社会生活阅历的扩展、知识积累的增长、思维能力的发展、自我意识的确立有非常重要的关联。长大以后，学生的视野更加开阔，关注的对象开始从身边、家庭、学校扩展到社会、人生、世界等重大问题，也有更多的机会和可能性去接触、经历多样的社会生活。从知识储备来看，经过九年的学校系统知识学习以及媒体网络知识的吸收，学生的知识积累日益丰厚，掌握的写作素材越来越丰富。而从思维发展来看，高年级学生的抽象逻辑思维逐步占据优势，辩证逻辑思维开始发展，思维结构日趋稳定、完整和系统化。他们不仅开始运用概念、提出假设、检验假设来进行抽象逻辑思维，而且基本上能够理解一般与特殊、演绎与归纳、理论与实践等的辩证关系，能够用较为全面、发展、联系的观点去分析和解决问题。此外，在学生的生活和学习活动中开始出现自我意识或自我反思与监控能力，他们不但能考虑如何解决问题，还能对自身及人类的行为、观念等进行反思与调控，喜欢对周围的事物品头论足，发表自己的观点和看法。

三、深度学习理论下语文写作的教学意义

（一）作文教学既基于学生思维的特点，又促进其思维的提升与发展

1. 基于思维特点的教学设计

深度学习理论强调学习者主动参与和深度思考，这一理念在作文教学中尤为重要。作文不仅是语言表达的工具，而且是思维发展的载体。因此，作文教学应充分考虑学生的认知发展阶段和思维特点，以实现教学的最优化。

在学龄期，人们的思维以形象思维为主，对直观、生动的事物有着天然的兴趣。在作文教学中，教师可以利用这一特点，通过生动有趣的故事、图片等激发他们的想象力和创造力。例如，在教授写景作文时，教师可以展示一些美丽的自然风光图片，让学生观察并描述图片中的景象。这种直观的视觉刺激能够帮助学生在脑海中形成清晰的画面，从而更好地组织语言进行表达。同时，教师还可以引导学生进行角色扮演或情景模拟，让他们在具体的故事情境中展开想象，创作出富有创意的作文。通过这样的教学设计，学生不仅能够提高写作能力，还能在写作过程中培养形象思维能力，为今后的学习和发展打下坚实的基础。

到青年期，人的抽象思维逐渐发展，逻辑推理和批判性思考能力也在不断提升。在作文教学中，教师应顺应这一思维发展的趋势，引导学生进行更深层次的思考。议论文是中学作文教学的重要类型之一，它要求学生能够分析问题、提出观点、论证观点。在教学过程中，教师可以提供一些具有争议性或值得探讨的话题，引导学生从不同角度进行思考和分析。例如，在讨论“网络对青少年的影响”这一话题时，教师可以引导学生思考网络的利弊，并鼓励他们提出自己的观点。在论证观点时，学生需要运用逻辑推理，列举事实、数据等进行论证，这不仅能够提高他们的写作能力，还能锻炼他们的逻辑思维能力。此外，教师还可以引导学生进行批判性阅读，分析他人的作文或文章，指出其中的优点和不足，从而培养他们的批判性思维能力。通过这样的教学设计，学生能够构建完整的思维框架，提升自己的思维能力。

2. 促进思维提升与发展的路径

作文教学通过丰富的写作任务和多样的写作形式，为学生提供了广阔的思维空间，促使他们不断挑战自我，拓展思维边界。在写作过程中，学生需要对所学知识进行整合、重组，形成新的理解和认识，这有助于提升他们的综合思维能力。

首先，作文教学可以引导学生融合不同学科的知识。例如，在写一篇关于“环境保护”的作文时，学生可以综合运用地理学中的生态环境知识、生物学中的物种多样性知识、化学中的污染治理知识等。在整合这些知识的过程中，学生需要进行深入的思考和分析，从而形成对环境保护问题的全面认识。这种跨学科的思维方式不仅能够提高学生的写作水平，还能提升他们的综合思维能力，使他们能够从多个角度看待和解决问题。

其次，作文教学可以培养学生的创新思维。传统的作文教学往往强调规范和标准，容易使学生的思维受到限制。然而，深度学习理论倡导创新和个性化的表达。在作文教学中，教师应鼓励学生大胆想象、勇于表达，不拘泥于传统思维模式。例如，在要求学生写一篇想象作文时，教师可以引导学生发挥想象力，创作出独特的故事情节和人物形象。在写作过程中，学生可以自由地表达自己的想法和创意,不受固定模式的束缚。这种创新的写作方式不仅能够激发学生的创造力，还能推动思维的创新和发展。同时，教师还可以组织一些创新写作活动，如写作比赛、写作展示等，为学生提供展示自己创新思维的平台，进一步激发他们的学习兴趣和创作热情。

（二）作文教学立足于学生的生活，引导学生用文字表达生活体验

1. 选择生活化的教学内容

深度学习理论强调学习应与生活建立紧密联系，这一理念在作文教学中具有重要的指导意义。作文不仅是语言表达的工具，而且是学生认识世界、表达自我、与他人交流的重要方式。因此，作文教学应选择与学生生活密切相关的内容，如家庭生活、校园生活、社会现象等，以实现教学的最优化。

家庭是学生最熟悉的生活领域之一，家庭生活蕴含着丰富的情感和故事。在作文教学中，教师可以引导学生关注家庭生活中的点滴细节，如父母的关爱、兄弟姐妹的相处、家庭成员之间的互动等。例如，在写一篇关于“家庭趣事”的作文时，学生可以回忆家庭中发生的有趣事件，描述当时的情景、人物的表情和动作等。这样的写作内容不仅能够激发学生的学习兴趣，还能使他们更容易产生共鸣，从而更积极地参与写作。通过写作，学生能够更好地理解和珍惜家庭生活中的美好时光，同时也能够锻炼他们的观察力和表达能力。

校园生活是学生生活的重要组成部分，也是作文教学的丰富素材来源。学校中的学习活动、课外活动、师生关系等都是学生关注的焦点。在作文教学中，教师可以引导学生关注校园生活中的各种现象和事件，如一次有趣的课堂活动、一场精彩的体育比赛、与同学之间的友谊等。例如，写一篇关于“校园生活”的作文时，学生可以在文中描述自己在校园中的所见所闻、所感所想，表达对校园生活的热爱和对未来的憧憬。这样的写作内容不仅能够帮助学生更好地认识校园生活，还能培养他们的观察力和思考能力，使他们更加积极地参与校园活动，促进自身全面发展。

社会现象是学生了解社会、认识世界的重要窗口。随着年龄的增长，学生对社会现象的关注度也在不断提高。在作文教学中，教师可以引导学生关注社会热点问题、社会现象等，如环境保护、社会公平、科技发展等。例如，在写一篇关于“环境保护”的作文时，学生可以结合自己的观察和思考，描述环境污染的现象、分析造成污染的原因、提出保护环境的建议等。这样的写作内容不仅能够激发学生的学习兴趣，还能使他们更加关注社会问题，培养他们的社会责任感和公民意识。通过写作，学生能够更好地理解社会现象，提高自己的思维能力和表达能力。

2. 引导表达生活体验的方法

作文教学应注重引导学生用文字真实、生动地表达自己的生活体验。生活体验是学生写作的源泉，只有真实地表达生活体验，作文才能具有感染力和说服力。教师可以通过创设情境、提供写作提示等方式，帮助学生打开思路，挖掘生活中的细节和情感。

创设情境是引导学生表达生活体验的有效方法之一。教师可以通过多媒体技术、实物展示、角色扮演等方式，为学生营造一个生动的情境，使他们仿佛置身于事件现场，从而更好地回忆和表达自己的生活体验。例如，在要求学生写一篇关于“一次难忘的经历”的作文时，教师可以播放一段相关的视频片段，让学生回忆自己曾经经历过的类似场景，激发他们的写作灵感。在情境的引导下，学生能够更加真实地描述当时的场景、人物、情感等，使自己的作文更加生动、感人。

提供写作提示也是引导学生表达生活体验的重要手段。教师可以根据写作主题，为学生提供一些具体的写作提示，帮助他们打开思路，挖掘生活中的细节和情感。例如，在要求学生写一篇关于“我的家乡”的作文时，教师可以提供一些写作提示，如家乡的自然风光、风土人情、特色美食、传统文化等，引导学生从不同角度去观察和思考自己的家乡。在写作提示的引导下，学生能够更加全面地描述自己的家乡，表达对家乡的热爱和思念之情，使自己的作文更加丰富和有深度。

此外，教师还可以引导学生进行深入的反思和思考，帮助他们挖掘生活体验背后的深层次意义。例如，在要求学生写一篇关于“一次失败的经历”的作文时，教师可以引导学生反思失败的原因、从失败中学到的教训以及如何克服失败等，使学生能够更加深刻地理解和表达自己的生活体验。

总之，在深度学习理论指导下，作文教学应选择与学生生活密切相关的内容，引导学生用文字真实、生动地表达自己的生活体验。这不仅能够激发学生的学习兴趣，提高他们的写作能力和表达能力，还能帮助他们更好地认识世界、表达自我、与他人交流，促进自身的全面发展。

（三）作文教学尊重学生语言习得规律，系统构建各级作文教学体系

1. 遵循语言习得规律的教学安排

深度学习理论强调学习者在学习过程中逐步构建知识体系，这一理念在作文教学中尤为重要。作文教学应尊重学生语言习得的规律，从基础到高级，循序渐进地安排教学内容和任务，以实现教学的最优化。

一开始，学生的语言基础相对薄弱，思维能力也处于发展阶段。因此，作文教学的重点应放在培养学生的基本写作能力上。例如，教师可以引导学生正确运用字词句，组织简单的段落，表达自己的想法和感受。教师可以通过看图写话、写日记、写小故事等活动，使学生能够逐步掌握基本的写作技巧，培养对写作的兴趣和信心。同时，教师还可以通过指导学生进行词语积累、句式练习等，帮助他们丰富语言表达的词汇和句式，为今后的写作打下坚实的基础。

经过一段时间的学习以后，学生的语言能力和思维能力都有了显著的提高。作文教学应逐步引导学生掌握不同类型的作文结构和写作技巧。例如：在记叙文写作中，教师可以指导学生如何围绕中心事件展开叙述，如何运用细节描写和人物刻画等手法使文章生动有趣；在说明文写作中，教师可以引导学生如何清晰地介绍事物的特点、用途等，如何运用恰当的说明方法和语言表达；在议论文写作中，教师可以指导学生如何提出观点、论证观点、反驳观点等，培养他们的逻辑思维和批判性思维能力。通过多样化的写作训练，学生能够逐步掌握各种作文类型的特点和写作技巧，提高自己的写作水平和表达能力。

学生的语言能力和思维能力相对成熟后，作文教学应进一步提高学生的写作水平，培养他们的批判性思维和创新表达能力。例如：教师可以引导学生关注社会热点问题，进行深入的思考和分析，写一些具有深度和见解的议论文；可以鼓励学生进行文学创作，如写小说、诗歌等，培养他们的想象力和创造力；还可以组织一些写作比赛、写作展示等活动，激发学生的写作热情和创新意识。通过这些教学活动，学生能够更好地运用语言表达自己的思想和情感，提高自己的写作能力和综合素质。

2. 系统构建作文教学体系的策略

作文教学应构建一个系统、完整的教学体系，涵盖不同年级、不同类型的作文教学内容和方法。这不仅有助于提高教学的效率和质量，还能满足不同学生的学习需求，促进学生的全面发展。

首先，作文教学需要明确的教学目标。教学目标是教学活动的出发点和归宿，它决定了教学内容和教学方法。在制订作文教学目标时，应根据不同年级学生的认知水平和语言能力，设定具体、明确的目标。例如，小学阶段的目标可以是培养学生的基本写作能力和兴趣，初中阶段的目标可以是提高学生的写作技巧和表达能力，高中阶段的目标可以是拓展学生的写作思维和创新表达能力。明确的教学目标能够为教学活动提供方向和动力，使教学更加有针对性和有效性。

其次，作文教学需要合理的教学内容安排。教学内容是实现教学目标的重要载体，它决定了学生的学习内容和学习效果。作文教学内容的安排应遵循由浅入深、由易到难的原则，循序渐进地引导学生学习和掌握各种写作知识和技能。例如，教师可以按照作文类型、写作技巧、写作主题等进行分类，系统地安排教学内容，使学生能够全面、系统地学习和掌握作文知识。同时，教师还应注重教学内容的多样性和灵活性，根据学生的实际情况和学习需求，适时调整和补充教学内容，以满足不同学生的学习需求。

再次，作文教学需要多样的教学方法。教学方法是实现教学目标的重要手段，它直接影响着学生的学习效果和学习兴趣。在作文教学中，教师可以采用多种教学方法，如讲授法、讨论法、合作学习法、任务驱动法等，以满足不同学生的学习需求。例如，讲授法可以用于传授作文知识和写作技巧，讨论法可以用于引导学生进行思维碰撞和观点交流，合作学习法可以用于培养学生的合作意识和团队精神，任务驱动法可以用于激发学生的学习动力和自主学习能力。通过多样化的教学方法，学生能够更好地理解和掌握作文知识，提高自己的写作能力和综合素质。

最后，作文教学需要有效的评价机制。评价是教学活动的重要环节，它不仅能够检验学生的学习效果，还能为教学提供反馈和指导。作文教学应建立科学的作文评价体系，注重对学生写作过程的评价和指导。例如，教师可以从内容、结构、语言、创新等方面进行评价，给予学生具体的指导和建议，帮助他们不断提高写作水平。同时，教师还应注重评价的激励性和发展性，鼓励学生积极参与写作，勇于表达自己的思想和情感，促进学生的全面发展。

第三节　深度学习理论下语文写作教学实施策略

一、引导学生观察生活、关注现实，写精密之作

（一）培养观察力

观察是写作的起点，也是获取写作素材的重要途径。教师应鼓励学生在日常生活中细致观察周围的事物和现象，例如，鼓励学生观察自然景观的变化，如四季的更替、天气的变幻、植物的生长等。这些自然现象不仅美丽，而且蕴含着丰富的信息和情感。学生可以通过观察，捕捉到自然界的细微变化，并将其转化为生动的文字，如描写春天的万物复苏、夏天的热烈奔放、秋天的丰收喜悦和冬天的宁静祥和。[①]

人物的行为举止也是观察的重要内容。学生可以观察身边的人，如同学、老师、家人等，注意他们的言行举止、表情神态和习惯特点。通过观察，学生能够更好地理解人物的性格和内心世界，从而在写作中塑造出鲜活的人物形象。例如，描写一个勤奋好学的同学，可以从他的学习态度、课堂表现和课后努力等方面进行观察和描写，使人物形象更加真实可信。

社会事件的发展也是观察的重要方面。教师可以引导学生关注社会热点问题、时事新闻等，了解社会的发展动态和人们的生活状态，如关注环境保护、科技创新、社会公平等问题，了解这些问题的背景、原因和影响。通过观察和思考，学生能够拓宽视野，增强社会责任感，使他们的写作具有时代感和现实意义。例如，写一篇关于环境保护的文章，可以从观察身边的环境变化入手，分析环境问题的原因和危害，并提出自己的见解和建议，使文章具有深度和见解。

（二）关注社会现实

引导学生关注社会现实，是培养学生写作能力的重要途径。社会现实是丰富多彩的，也是不断变化的。教师应鼓励学生关注社会热点问题和时事新闻，了解社会的发展动态和人们的生活状态，如关注国家的发展成就、社会的进步变化、

① 章俊．构建微专题，实现语文深度学习 [J]. 学语文，2023（5）：77−80.

人们的生活方式等。通过关注社会现实，学生能够了解社会的全貌，增强社会责任感和时代感。

关注社会现实，可以使学生的写作具有更强的现实意义和价值。例如，写一篇关于科技创新的文章，可以从关注当前的科技发展入手，了解科技创新的最新成果和应用，分析科技创新对社会和人们生活的影响，提出自己的看法和建议，这样不仅能够使文章具有时代感，还能在写作中表达自己的思想和见解，写出有深度、有见解的作品。

关注社会现实还可以拓宽学生的视野，使他们能够从不同的角度和层面去思考和分析问题。例如，在关注社会公平问题时，学生可以从经济、政治、文化等多个方面进行思考和分析，了解社会公平的内涵和意义，提出自己的见解和建议，这样可以使自己的写作更加全面和深入，具有更强的说服力和感染力。

（三）注重细节描写

在写作过程中，细节描写是增强文章感染力和真实感的重要手段。教师应引导学生注重细节的描写，通过精确的语言表达，将观察到的事物生动地呈现在读者面前。例如，在描写自然景观时，可以从色彩、形状、声音等方面进行细致的描写，使读者能够感受到自然的美丽和魅力。如描写一场春雨，可以从雨滴的形状、雨声的节奏、雨后的空气等方面进行描写，使读者仿佛置身于春雨之中，感受到春雨的清新和滋润。

在描写人物时，细节描写同样重要。教师可以引导学生从人物的外貌、动作、语言、心理等方面进行细致的描写，使人物形象更加鲜活和真实。例如，描写一个慈祥的老人，可以从他的外貌特征、动作细节、语言表达和心理活动等方面进行描写，使读者能够感受到老人的慈祥和温暖。如描写老人的皱纹、眼神、微笑、动作等细节，使人物形象更加生动和感人。

细节描写不仅能够增强文章的感染力和真实感，还能够使读者产生共鸣。通过细致入微的描写，读者能够更好地理解和感受作者所要表达的情感和思想，从而产生共鸣。例如，在描写亲情时，可以从生活中的点滴细节入手，如父母的关心、照顾、鼓励等，使读者能够感受到亲情的温暖和珍贵。

二、重视对学生进行思维的训练，优化学生思维品质

（一）培养批判性思维

批判性思维是深度学习的重要组成部分，也是培养学生写作能力的重要途径。教师应鼓励学生在阅读和写作中提出自己的观点和看法，对所接触的信息进行分析、质疑和反思。例如，在学生阅读一篇文章时，教师可以引导学生思考作者的观点是否合理、论据是否充分、论证是否严密等，并提出自己的看法和建议。通过批判性思维的训练，学生能够形成独立的思考能力，写出有思想深度和个性的文章。

培养批判性思维，可以使学生的写作更加深入和全面。例如，在写一篇议论文时，拥有批判性思维的学生可以从多个角度和层面进行思考和分析，进行深入探讨和研究问题，提出自己的见解和建议。此外，批判性思维还可以培养学生的创新意识和创新能力。在写作中，学生可以尝试不同的表达方式和创新的构思，提出独特的见解和创意。例如，在写一篇关于环境保护的文章时，可以从一个新的角度或方法入手，提出自己的创新思路和建议，使文章具有更强的创新性和吸引力。

（二）发展创造性思维

创造性思维是培养学生写作能力的重要途径。教师应激发学生的想象力和创造力，鼓励他们在写作中尝试不同的表达方式和创新的构思。例如，可以引导学生进行故事创作、诗歌创作等，培养他们的创新思维能力。在故事创作中，学生可以发挥自己的想象力，创造出独特的情节和人物形象，使故事具有吸引力和感染力。在诗歌创作中，学生可以运用丰富的想象和独特的语言表达，创造出优美的诗歌作品，表达自己的情感和思想。

发展创造性思维，可以使学生的写作更加生动和有趣。例如，在写一篇描写自然景观的文章时，学生可以从一个新的角度或方法入手，运用丰富的想象和独特的语言表达，创造出独特的自然景观形象，使文章具有更强的吸引力和感染力。此外，创造性思维还可以培养学生的创新意识和创新能力，使他们在写作中不断尝试和探索，提高自己的写作水平和创新能力。

（三）逻辑思维训练

逻辑思维是写作的基础，也是培养学生写作能力的重要途径。教师应通过逻辑推理、论证训练等方式，帮助学生提高文章的逻辑性和条理性。例如，学生在写一篇议论文时，教师可以引导学生明确论点、论据和论证方法，使文章结构严谨、层次分明。通过逻辑思维训练，学生能够清晰地表达自己的思路，使文章具有更强的说服力和感染力。

逻辑思维训练可以使学生的写作更加清晰和有条理。例如，学生在写一篇说明文时，学生可以从多个方面进行说明和分析，按照一定的逻辑顺序和结构进行写作，使文章条理清晰、层次分明。此外，逻辑思维训练还可以培养学生的分析能力和解决问题的能力，使他们在写作中能够更好地组织和表达自己的思想和观点。

三、引导学生广泛而有深度地阅读，以读促写

（一）拓展阅读范围

在语文写作教学中，拓展学生的阅读范围是至关重要的。教师应鼓励学生广泛阅读各类书籍，包括文学作品、历史书籍、科普读物、哲学著作等。通过广泛阅读，学生能够积累丰富的知识和文化素养，为写作提供广阔的思想背景和文化内涵。

文学作品的想象力和深刻的思想内涵，能够激发学生的阅读兴趣和创作灵感。通过阅读文学作品，学生可以学习到优美的语言表达和生动的人物描写，了解不同作家的写作风格和技巧。阅读鲁迅的《呐喊》可以感受到作者对社会现实的深刻批判和对人性的深刻剖析；阅读海明威的《老人与海》可以体会到作者对人类精神的赞美和对生命意义的思考。这些文学作品不仅能够提高学生的文化素养，还能为学生的写作提供丰富的素材和灵感。

历史书籍能够帮助学生了解历史的发展脉络和人物的生平事迹，积累丰富的历史知识和文化背景。通过阅读历史书籍，学生可以从中汲取智慧和经验，提高自己的思想深度和文化素养。阅读《史记》可以了解中国古代的历史变迁和人物风采；阅读《世界史》可以了解世界历史的发展进程和文化交流。这些历史书籍不仅能够拓宽学生的视野，还能为学生的写作提供丰富的历史素材和背景。

科普读物能够帮助学生了解科学知识和科技发展，拓宽知识面。通过阅读科

普读物，学生可以了解自然界的奥秘、科技的创新和人类的探索，增强自己的科学素养和创新能力。阅读《时间简史》可以了解宇宙的起源和演化；阅读《人类简史》可以了解人类的发展历程和文明的变迁。这些科普读物不仅能够丰富学生的知识储备，还能为学生的写作提供科学的视角和创新的思维。

哲学著作则能够帮助学生思考人生的意义和价值，提高自己的思想深度和文化素养。通过阅读哲学著作，学生可以了解不同的哲学思想和人生观念，培养自己的批判性思维和创造性思维。阅读《道德经》可以了解道家的思想和人生智慧，阅读《存在与时间》可以了解海德格尔的哲学思想和对人类存在的思考。这些哲学著作不仅能够丰富学生的文化内涵，还能为学生的写作提供深刻的思想背景和文化内涵。

（二）深度阅读与思考

在拓展阅读范围的同时，教师还应引导学生进行深度阅读与思考。深度阅读是指在阅读过程中，学生要在了解书籍的基本内容的基础上，深入思考作者的思想观点和写作技巧，理解书籍的深层含义和价值。

首先，引导学生深入思考作者的思想观点。在阅读过程中，教师可以引导学生思考作者所要表达的主题思想和价值观念，理解作者的创作意图和目的。例如，在阅读《红楼梦》时，教师可以引导学生思考作者曹雪芹对封建社会的批判和对人性的深刻剖析，理解作者对人生、爱情、命运等主题的思考和表达。通过深入思考作者的思想观点，学生能够更好地理解书籍的内涵和价值，提高自己的思想深度和文化素养。

其次，引导学生学习作者的写作技巧。在阅读过程中，教师可以引导学生分析作者的写作方法和表达方式，学习作者的构思、结构、语言等方面的技巧。例如，在阅读《百年孤独》时，教师可以引导学生学习作者马尔克斯的魔幻现实主义写作手法，分析作者如何通过独特的叙事结构和语言表达，创造出一个充满奇幻色彩和深刻内涵的文学世界。通过学习作者的写作技巧，学生能够提高自己的写作水平，掌握更多的写作方法和技巧。

最后，深度阅读还可以培养学生的批判性思维和创造性思维。在阅读过程中，学生不仅要理解作者的思想观点和写作技巧，还要学会质疑和反思，提出自己的见解和看法。例如，在阅读《资本论》时，教师可以引导学生思考作者马克思对资本主义社会的批判和对社会主义的展望，理解作者的经济理论和历史观，同时鼓励学生提出自己的见解和看法，培养他们的批判性思维和创造性思维。

（三）阅读与写作结合

阅读与写作是相辅相成的。教师在教学时应将阅读与写作紧密结合，鼓励学生在阅读后进行写作练习，如写读后感、写评论等。通过以读促写，学生能够将阅读中获得的知识和灵感运用到写作中，提高写作能力。

首先，写读后感是阅读与写作结合的重要方式。读后感是指学生在阅读书籍后，根据自己的理解和感受，写出对书籍的感想和体会。通过写读后感，学生可以将阅读中获得的知识和灵感进行整理和表达，加深对书籍的理解和感悟。例如，在阅读《活着》后，学生可以写出对主人公福贵命运的感慨和对生命意义的思考，表达自己对人生的理解和感悟。写读后感不仅能够提高学生的写作能力，还能培养他们的思考能力和表达能力。

其次，写评论也是阅读与写作结合的重要方式。评论是指学生在阅读书籍后，对书籍的内容、思想、艺术等方面进行分析和评价。通过写评论，学生可以运用所学的写作技巧和知识，对书籍进行深入的分析和评价，提高自己的写作水平和分析能力。例如，在阅读《围城》后，学生可以对小说的主题思想、人物形象、语言风格等方面进行分析和评价，写出一篇有深度、有见解的评论文章。写评论不仅能够提高学生的写作能力，还能培养他们的批判性思维和创造性思维。

最后，教师还可以引导学生进行创作练习，如写小说、写诗歌、写剧本等。通过创作练习，学生可以表达并创新阅读中获得的知识和灵感，培养自己的创作能力和创新思维。例如，在阅读《哈利·波特》系列后，学生可以尝试创作自己的奇幻故事，运用所学的写作技巧和知识，创造出独特的故事情节和人物形象。创作练习不仅能够提高学生的写作能力，还能激发他们的想象力和创造力，培养他们的创新精神和创新能力。

总之，在深度学习理论下，语文写作教学应注重引导学生拓展阅读范围，进行深度阅读与思考，将阅读与写作紧密结合，以提高学生的写作能力和文化素养。通过这些策略的实施，学生能够在阅读中积累丰富的知识和文化内涵，在写作中表达自己的思想和情感，写出有深度、有见解、有新意的文章。

参考文献

[1] 蔡伟，王欢．语文水平调研的价值、原则与路径 [J]. 湖北教育（教育教学），2024（7）：21–23.

[2] 柴少明，赵建华．面向知识经济时代学习科学的关键问题研究及对教育改革的影响 [J]. 远程教育杂志，2014（2）：3–10.

[3] 陈风雷．深度学习的基本特征与促进策略：基于知识学习过程的视角 [J]. 化学教学，2024（8）：3–7.

[4] 陈雅惠．语文教学与书法教育同步协调的方法探析 [J]. 课程教材教学研究（上半月刊），2024（8）：42–44.

[5] 段金菊，余胜泉．学习科学视域下的 e-Learning 深度学习研究 [J]. 远程教育杂志，2014（4）：43–51.

[6] 顾春勇．深度学习视域下的“古诗词诵读”板块教学路径例谈 [J]. 中学教学参考，2022（36）：7–9.

[7] 何玲，黎加厚．促进学生深度学习 [J]. 计算机教与学，2015（5）：29–30.

[8] 胡平．新课标背景下基于深度学习语文教学的实践与思考 [J]. 学周刊，2024（21）：125–127.

[9] 季江勇．新课程背景下的文言文教学摭谈 [J]. 中学语文，2023（10）：28–29.

[10] 蒋聪慧．浅谈文言文教学的有效策略 [J]. 语文世界（小学生之窗），2022（8）：40–41.

[11] 景红娜，陈琳，赵雪萍．基于 Moodle 的深层学习研究 [J]. 远程教育杂志，2017（3）：27–33.

[12] 李烨．促进学生深度学习的教学策略 [J]. 语文世界，2024（27）：58–59.

[13] 刘晶晶，郭元祥．小学语文阅读素养：内涵、构成及测量 [J]. 课程·教材·教法，2015（5）：69–75.

[14] 刘颖．指向思维能力提升：基于学习本质的语文阅读教学路径探究 [J]. 汉字文化，2023,（2）：114–116..

[15] 刘月霞．指向“深度学习”的教学改进：让学习真实发生 [J]. 中小学管理，2021（5）：13–17.

[16] 龙静萱．从阅读和写作入手提升语文素养 [J]. 高中生，2024（22）：58–59.

[17] 吕高超．语文阅读教学的文化价值研究 [M]. 北京：中华书局，2020：23–24.

[18] 马天源．促进深度学习的语文阅读教学策略 [J]. 新教育，2022（19）：58–59.

[19] 彭相文，郭飞．语文常态教学中培养学生职业关键能力的思考和实践 [J]. 河北职业教育，2024（2）：105–108.

[20] 盛晓芸．基于语文文化性的深度教学策略探究 [J]. 作文，2024（20）：19–20.

[21] 唐明．聚焦意义建构的语文深度阅读教学研究 [D]. 成都：四川师范大学，2022：21–22.

[22] 王奎斌 . 语文课堂教学开展传统文化教育刍议 [J]. 成才之路，2024（36）：109–112.
[23] 王淑婷 . 深度教学理念下语文群文阅读教学研究 [D]. 扬州：扬州大学，2023：12–13.
[24] 王颖 . 古诗词教学中文化传承与创新路径探索 [J]. 天津教育，2024（34）：75–77.
[25] 吴嘉伟 . 基于核心素养的文言文教学三重境界探究 [J]. 七彩语文，2024（44）：7–9.
[26] 相振港，阅读能力的体系建构与命题测评 [J]. 语文建设，2021（24）：52–56.
[27] 谢晓玉 . 拓展语文课堂，提高深度教学力 [J]. 河南教育（教师教育）2024（7）：70.
[28] 燕红蕾 . 实施主题阅读教学，提升综合素养 [J]. 小学阅读指南（高年级版），2024（12）：17–19.
[29] 杨洁 . 开展探究学习，深度鉴赏诗词 [J]. 中学课程辅导，2017（1）：83.
[30] 张驰 . 基于深度学习的语文课堂教学 [J]. 中学语文，2024（33）：109–110.
[31] 章俊 . 构建微专题，实现语文深度学习 [J]. 学语文，2023（5）：77–80.
[32] 赵桂梅 . 深度学习视域下的写作教学 [J]. 好作文，2024（8）：50–51.
[33] 赵书平 . 语文教学中渗透德育的基本策略与方法初探 [J]. 教育实践与研究（B），2024（10）：20–22.